内蒙古财经大学学术文库

第一辑

内蒙古自治区
中小企业动态能力研究

Study on Dynamic Capabilities
of the SMEs in Inner Mongolia

齐永兴 / 著

经济管理出版社
ECONOMY & MANAGEMENT PUBLISHING HOUSE

图书在版编目（CIP）数据

内蒙古自治区中小企业动态能力研究/齐永兴著. —北京：经济管理出版社，2017.1
ISBN 978 - 7 - 5096 - 4177 - 4

Ⅰ.①内…　Ⅱ.①齐…　Ⅲ.①中小企业—企业管理—研究—内蒙古　Ⅳ.①F279.272.6

中国版本图书馆 CIP 数据核字（2015）第 311712 号

组稿编辑：王光艳
责任编辑：赵晓静　许　兵
责任印制：黄章平
责任校对：超　凡

出版发行：经济管理出版社
　　　　　（北京市海淀区北蜂窝 8 号中雅大厦 A 座 11 层　100038）
网　　址：www. E - mp. com. cn
电　　话：（010）51915602
印　　刷：北京九州迅驰传媒文化有限公司
经　　销：新华书店
开　　本：720mm×1000mm/16
印　　张：9.25
字　　数：176 千字
版　　次：2017 年 1 月第 1 版　　2017 年 1 月第 1 次印刷
书　　号：ISBN 978 - 7 - 5096 - 4177 - 4
定　　价：48.00 元

前　　言

中小企业作为内蒙古自治区国民经济的重要组成部分和社会发展的重要推动力量，在繁荣城乡经济、增加财政收入、吸纳就业、维护社会稳定等方面发挥着举足轻重的作用，对加快实现"和谐内蒙古"、"推进美丽内蒙古建设"做出了巨大贡献。未来时期，在中央、自治区各界的共同努力下，内蒙古自治区中小企业将面临更大的发展机遇与更严酷的挑战。本书以动态能力理论研究为切入点，以内蒙古自治区中小企业发展现状为现实背景，通过对内蒙古自治区中小企业动态能力的演化过程及影响因素、动态能力的演化路径及演化机理、动态能力的培育等一系列问题展开系统深入的论证与探讨。全书主要内容如下：

（1）揭示了内蒙古自治区中小企业动态能力演化过程与影响因素。内蒙古自治区中小企业动态能力演化过程是以企业持续竞争优势集聚为目标，以动态能力机制为支撑，战略分析、战略定位、战略实施以及战略评价与调整为主要路径的作用过程。影响内蒙古自治区中小企业动态能力的内在因素主要有组织结构、知识信息资源、人才、企业行为、制度体系五个方面；影响内蒙古自治区中小企业动态能力的外部因素主要有企业外部结构、信息化水平、政策制度、环境稳定性四个方面。

（2）从动力机制、学习机制和匹配机制三个方面廓清了内蒙古自治区中小企业动态能力演化机制。内蒙古自治区中小企业动态能力演化的动力机制是由激励要素、创新要素、权力要素等内在要素和市场变化、技术变化、政策变化、竞争变化等外部环境诱发共同作用形成的企业变化革新意识；学习机制由企业领导者主导、企业全体员工共同完成；匹配机制是基于外部环境波动、企业内部资源环境发生变化的一种动态匹配过程，是动态能力演化的关键。

（3）构建了内蒙古自治区中小企业动态能力评价体系与方法。对内蒙古自治区中小企业外部环境的判断，可以采用聚类分析法，据此构建中小企业动态能力评价体系；内蒙古中小企业动态能力水平评价可采用因子分析法与格特曼测试量表相结合的方法；对中小企业个案动态能力的识别与评价，可以采用模糊评价法静态评价与马尔可夫链动态评价相结合的方法。

（4）阐释了内蒙古自治区中小企业动态能力培育的方式、路径与策略。强化动态能力动力机制、学习机制和匹配机制能显著加快中小企业动态能力动态机制建设，促进动态能力的演化。探讨了内蒙古自治区中小企业动态能力培育的三种路径，从重视人力资源开发与管理、提升战略管理能力、增强技术创新能力、建立并完善学习型企业文化制度四个方面给出了内蒙古自治区中小企业动态能力提升的策略。

目　　录

第1章

绪　　论

1.1　研究背景

1.1.1　现实背景

改革开放三十余年，内蒙古自治区经济社会获得了全面、快速的发展，中小企业功不可没。内蒙古自治区中小企业作为国民经济的重要组成部分和社会发展的重要推动力量，在繁荣城乡经济、增加财政收入、吸纳就业、维护社会稳定等方面发挥着举足轻重的作用，对加快实现"和谐内蒙古"、"推进美丽内蒙古建设"做出了巨大贡献。

从内蒙古自治区中小企业发展历程看，内蒙古自治区中小企业在近十年获得了长足发展，这不仅表现在中小企业的数量和规模以上企业有大幅增长，涌现出了一大批较为优秀的民族企业、私营企业，还表现在中小企业的外部发展环境也有了很大的改善，中小企业业已成为政策理论界关注的焦点，得到了政府的政策支持、理论界的科学指导以及社会的认可，中小企业正成为一支经济发展的"劲旅"，活跃在经济社会生活的方方面面，为内蒙古自治区经济的腾飞增添助力。未来时期，在中央、自治区各界的共同努力下，内蒙古自治区中小企业将面临更大的发展机遇与更严酷的挑战。

内蒙古自治区中小企业如何从自身发展出发，不断地开发和培育与环境变化相匹配的竞争优势，形成持续竞争力，已成为企业界、学术界和政府共同关注的焦点问题。实践证明，动态能力是企业获得持续竞争优势的动力源泉所在（Teece 等，1997、2007；魏江、焦豪，2007）。那么，动态能力如何影响作用于中小企业竞争优势以及中小企业如何培育动态能力来提升持续竞争力使其可持续成长，这些问题都是当前亟须解决的现实问题。

1.1.2　理论背景

动态能力理论作为一种新兴的管理学理论，其发展至今还存在颇多的争议和不完善之处。迄今为止，学界对动态能力概念的界定尚未达成共识，构成要素与测量评价也不统一（冯军政、魏江，2011），这也是当前动态能力研究存在的问题之一。究其原因，无外乎研究的视角不同、研究适用的对象的便利性不同造成给定的概念出现差异。

有关动态能力的含义与形成机制研究、动态能力演化机制及其影响因素研究、动态能力的培育与提升路径等核心理论问题的研究散见于各类文献中，动态能力理论碎片化问题突出，这既不利于理论本身的完善，对企业的指导意义与价值也大打折扣。中小企业作为企业相对弱势的群体，在当前复杂多变的动态环境下，迫切需要一套比较系统的、成熟的动态能力理论来指导企业管理、企业战略和企业行为。

1.2　研究目的与意义

1.2.1　研究目的

在内蒙古自治区政府的大力扶持以及民间社会的关注下，内蒙古自治区中小企业如何借机快速成长和发展壮大是企业界、政府和理论界关注的焦点问题。本书以动态能力理论研究为切入点，以内蒙古自治区中小企业发展现状为现实背景，通过对内蒙古自治区中小企业动态能力的形成机理、动态能力形成的影响因素、动态能力的演化、动态能力的培育等一系列问题展开系统深入的论证与探讨，旨在构建一套适合于内蒙古自治区中小企业动态能力建设的、富有指导性的理论体系，同时丰富动态能力理论。

1.2.2　研究意义

中小企业在我国经济发展中具有重要作用。主要体现在中小企业已成为重要的经济增长点，是推动我国国民经济发展的一支重要力量。最新统计数字表明，全国工商注册登记的中小企业占全部注册企业的99%，中小企业工业总产值、销售收入、实现利税分别占总量的 60%、57% 和 40%；在 20 世纪 90 年代以来经济的快速增长中，工业新增产值的 76.7% 来自中小企业；流通领域中小企业占全国零售网点的 90% 以上；近年来的出口总额中有 60% 以上是中小企业提供的。

战略管理领域的一个基本问题是企业应该怎样获取和保持竞争优势，在技术不断变化和消费偏好多变的动态环境中，竞争优势的来源正以逐步加快的速度被创造竞争优势侵蚀，不断创造新的竞争优势、迅速模仿竞争对手的现象，对传统战略理论的可持续竞争优势提出了新的挑战。

动态环境下的中小企业依靠什么来竞争？能力学派在标准能力理论的基础上提出了动态能力理论。动态能力能够被看作是理解竞争优势新来源的一种逐渐显现出来和潜在的综合理论。全书的研究意义在于丰富和发展动态能力理论的研究，同时，通过对内蒙古自治区中小企业进行动态能力的实证研究，推动动态能力向可操作化方向迈进；对内蒙古自治区中小企业动态能力水平、特征等进行综合评价，找出中小企业动态能力不足的短板，为提高中小企业动态能力提供建设性意见，以促进其持续竞争优势的培育和建立。

1.3 国内外研究现状

从近二十年来的研究成果看，有关动态能力的研究主要集中在两个大的方面：一是在企业管理学科框架下，从战略管理的视角对动态能力理论展开了研究；二是动态能力理论的应用研究。

1.3.1 动态能力理论研究

从既有文献以及研究脉络看，研究者们关注的焦点主要集中在企业管理学框架下动态能力理论与实践的研究，具体又分为动态能力理论的渊源与发展研究、动态能力的含义与形成机制研究、动态能力演化机制及其影响因素研究、动态能力的培育与提升路径共四大方面，其中以动态能力的含义与形成机制的研究文献最多。

（1）动态能力理论的渊源与发展

就动态能力概念的诞生而言，该术语最先运用于系统工程领域。从动态能力理论的发展历程看，该理论产生至今也不过 20 年，然而动态能力理论的思想渊源已逾百年。企业的核心能力、可持续发展能力如何形成、维持，一直以来都是企业战略管理理论的核心内容（Aghion 和 Bolton，1992）。从理论演进与发展脉络看，动态能力思想的文献研究可以追溯至演进经济学的有关企业演进发展理论（Teece 等，1994；孟晓斌等，2007）。一般而言，任何一种理论或者学说都有其存在的时代性和背景，是既有理论或学说继承与扬弃后的发展，动态能力理论也不例外。动态能力理论是权变理论、资源基础观、演化理论的有机结合，也是在传统核心能力理论、组织行为理论、制度理论与产业结构学派等批判继承的基础上形成的，既有深厚的理论铺垫，也有强烈的外部实践需求。

从企业能力研究脉络看，动态能力理论是企业能力理论研究的重要分支。Collis（1994）将企业能力划分为两个层面，即后来演化的阶层观点论，第一个阶层是企业实质性能力，该能力主要指向了企业的生产制造能力、市场营销能力、产品服务能力等运营层面的能力集合，这些能力构成工业化时期企业的优势竞争力，并且这种优势竞争力能够持续存在较长一段时期。科技革命的加快以及信息化时代的到来，使得企业外部环境快速变化，超竞争的经营环境使得运营层面能力集合驱动的企业竞争优势迅速为竞争对手所消磨殆尽。此时，企业要实现快速成长、保持竞争力，就必须适应动态变化的环境，具备构建、调整、整合、重构内外部资源的能力，也即 Teece 等（1994）提出的动态能力，这也是 Collis（1994）指向的第二个阶层的企业能力。根据能力阶层理论，动态能力作为一种高阶能力势必存在"无限回归"的问题（Collis，1994）。在很大程度上，动态能力理论更多是继承和发展了资源观基础理论。据此，Zollo 和 Winter（2002）从组织惯例与组织能力角度进行了深入的剖析，认为动态能力是通过学习获得的，从事程式化、可重复活动的能力，并且部分是建立在隐性知识的基础之上，这也较好地揭示了动态能力的形成过程（冯军政、魏江，2011）。

从战略管理研究看，动态能力理论是有力地响应了新形势下企业持续竞争优势源泉的理论依据。在动态能力理论诞生前，揭示企业持续竞争优势的理论有两大阵营：一个是基于企业市场定位和产业选择的外生因素决定论，以"S－C－P"范式的产业组织理论学派为主要代表；另一个则是基于企业战略资源、无形知识、核心能力的内生因素决定论，以资源观理论（RBV）为主要代表（Prahalad 和 Hamel，1990；Leonard－Barton，1992）。然而，信息化时代与全球经济一体化背景迅速打破了企业的外部经营环境，外部竞争日趋复杂化，超竞争现象日趋频繁（Barney，1991）。政策理论界意识到，企业单单依靠某一项核心能力难以获得持续的竞争优势。传统的竞争理论、资源基础理论、核心能力理论、高阶能力理论、战略管理理论等已经不能胜任指导企业管理的需要，企业对一种新理论的诞生显得尤为迫切。正是基于这样一个理论背景与现实背景，Teece 等（1994）整合熊彼特的创新理论、学习理论、演化理论等理论资源，促成了动态能力理论的问世（Teece 等，1997、2007、2009）。

动态能力理论作为战略管理理论发展深化的产物，虽有其理论承接与时代发展痕迹，但对于解释动态环境变化过程中企业战略管理出现的一些新现象，找出强化企业管理的新方法、路径等都显示出了极大的理论价值与现实价值。相对于静态能力理论而言，动态能力理论是对静态能力理论的一种扬弃（黄培伦，2008），具有科学性、合理性和继承性。然而，一方面，一种新的理论、概念、模式等的出现，总是伴随着正反两种声音，这也反映出该理论的不成熟、不完善以及自身的局限性。尤其是在 20 世纪 90 年代末期，不少学者不仅对 Teece（1997）等学者给出的动态能力概念提出了质疑（Eisenhardt 和 Martin，2000），并且对动态能力理论架构与构成进行了攻击，Levinthal 和 Ocasio（2007）甚至认为动态能力理论研究已经没有出路，毫无研究价值。Arend 和 Bromiley（2009）提出了与 Helfat 等（2007）针锋相对的观点，这使得动态能力研究争议陷入白热化的境地。Levinthal 和 Ocasio（2007）、Arend 和 Bromiley（2009）等质疑和攻击的焦点在于，动态能力究竟是不是一种新的企业能力？是不是企业获得竞争优势的源泉？（李大元等，2009）需要指出的是，学术研究没有禁区，本应该有百家之言，故而学界出现不少有关反对与攻击言论是无可厚非的，对动态能力理论的发展是有利的。在整理相关文献的过程中，本书本着客观、实事求是的态度，对动态能力的概念以及其他基本理论与实践的研究文献进行了全面梳理。另一方面，动态能力理论研究过程中，在一些基本概念、基本原理的研究与结论观点的阐述上呈现出明显的分歧（Teece 等，2007；Devers，2008；苏云霞、孙明贵，2012）。就动态能力概念而言，既有解释能力的模式，也有惯例程式化的论述，还有过程学习的分析。正是基本概念的理解偏差，造成了动态能力的形成机制与构成维度、演进机制及影响因素、培育与提升路径等系列理论原理的分歧。进入 2000 年以来，动态理论业已成为企业战略管理研究中的前沿与热点，国内学者对动态理论的研究也有突破性的发展，高水平的研究日趋增长（蔡树堂，2011）。

（2）动态能力的含义与形成机制研究

如前所述，动态能力理论作为一种新兴的管理学理论，发展至今还存在颇多的争议和不完善之处。迄今为止，学界对动态能力概念的界定尚未达成共识，构成要素与测量评价也不统一（冯军政、魏江，2011），这也是当前动态能力研究存在的问题之一。究其原因，由于研究的视角和研究适用对象的便利性不同，造成给定的概念出现差异。最早提出动态能力概念的是戴维·提斯等（1994），提斯也是动态能力理论的重要开创人，并且在此后的近二十年间一直致力于动态能力理论与实践研究，其学术地位之高、影响之广业已为学界所共知。

继戴维·提斯等（1994）提出动态能力概念后，研究者们在理论分析与实践应用过程中，基于不同的研究视角、研究适用对象的便利性，对动态能力给出了诸多不同的概念含义，其中较具代表性的学者及其给出的概念含义有 Teece 等（1997、2007、2009）、Eisenhardt 和 Martin（2000）、Zollo 和 Winter（2002）、Danneels（2008）、Vergne 和 Durand（2011）、Drnevich 和 Kriauciunas（2011）等。从动态能力理论的研究现状看，在国际较具影响力的几十篇动态能力研究文献中，共有 13 种动态能力定义，其中最具影响力的是 Teece 等（1997、2007）、Eisenhardt 和 Martin（2000）、Zollo 和 Winter（2002）、Pavlou 和 Sawy（2006）所给出的几种代表性定义。

1997 年，Teece 等学者对动态能力的内涵进行了更为系统的论述，这也是动态理论发展的重要转折点，他们将演化经济学中涉及企业发展的企业模型与企业资源基础理论有效整合起来，并明确给出了动态能力的定义："企业构建、调整、整合、重构内外部资源与能力的能力"（Teece 等，1997）。随后，Eisenhardt 和 Martin（2000）从流程角度将动态能力界定为运用资源的组织过程或战略惯例，Danneels（2010）也持类似的观点。Zollo 和 Winter（2002）从惯例、演化角度将动态能力界定为一种改变惯例的惯例，其作用机制是通过集体活动实现系统地创造、调整运营惯例。冯军政和魏江（2011）将以上这几种动态能力定义的观点统一归类为完成抽象的组织和管理过程的能力，并将接下来的几种观点归结为企业完成具体的战略和组织过程的能力。Eisenhardt 和 Martin（2000）界定的动态能力主要包括并购、产品开发、结盟、战略决策制定等能力，Helfat 等（2007）发现企业面对动态变化的外部环境过程中，有目的地创造、改变企业资源基础来获得持续竞争优势的能力也是动态能力的重要体现。Danneels（2008）认为动态能力主要是营销和研发能力，Drnevich 和 Kriauciunas（2011）认为动态能力是企业开发新产品或服务、实施新的业务流程、创造新的顾客关系、创新经营方式等的能力。Pavlou 和 Sawy（2006）认为动态能力的本质是重构职能能力。Teece（2007）在充分吸收已有成果的基础上，将动态能力以分解要素的形式进行了再次界定，他认为动态能力包含感知能力、获取机会的能力以及维持竞争优势的能力，每一个能力又有具体的指向。但仔细梳理动态能力概念内涵的研究现状后，发现企业动态能力的共性一直未能全面系统地识别（Wang 和 Ahmed，2007），这也是动态理论研究的一个诟病。因此，只有整合企业动态能力的共性特征，才能给出一个较为可信、为学界所接受的动态能力概念。

国内有关动态能力的研究始于 20 世纪 90 年代末期，快速发展于 21 世纪初期。2006 年以来，国内有关动态能力理论研究较具代表性的学者有李兴旺（2006）、贺小刚等（2006）、江积海（2006、2007）、魏江和焦豪（2007、2008）、李大元（2009、2011）、许晖等（2010、2011、2013）。江积海（2007）

从时间和空间两个层面对动态能力进行了划分。就时间层面而言，主要是指相对于竞争对手而言，能够较快地重组和整合内外部资源来响应外部环境变化的动态能力；空间层面则是特指能力的跃迁，即从一种能力向另一种能力的演进，这也是继承了能力阶层学说，能力由低级向高级发展演化的过程。动态能力概念内涵的科学性与合理性，应根据实践应用需求满足性来判断（魏江、焦豪，2008）。邱钊等（2008）从协调及整合、学习、重构和转变的内涵与维度对动态能力的构成与形成机制进行了探讨，以东风汽车公司为研究对象，就动态能力与企业竞争力的关联关系进行了探索，结果表明，动态能力能显著提升企业竞争优势。张军等（2010）从和谐管理理论视角对企业动态能力进行了重新界定，根据和谐管理理论的基本思想，从横向和纵向两个维度构建了研究模型，认为动态能力体现在组织的惯例之中，本质上是一种随环境动态变化而变化的程序。

从动态能力观角度出发，梳理了20世纪80年代以来战略管理理论发展的基本脉络，对动态能力理论的形成与发展进行了系统分析，着重对企业动态能力的理论架构与构成要素进行了阐述，在批判继承的基础上给出了动态能力的内涵（罗珉和刘永俊，2009）。事实上，罗珉和刘永俊仍然是沿袭Teece等（1997）范式，认为动态能力是企业为适应动态变化的外部环境而产生的一种综合能力，实际上是戴维·提斯等学者提出概念的具体化，依旧陷入了能力解释能力的理论困境，并且罗珉和刘永俊给出的定义"动态能力是企业所从事资源的整合能力、重构造能力等能力"中的能力评价与构成维度可操性差，因此，该定义在某种意义上缺乏理论依据与实践应用意义。李大元（2009）将动态能力的内涵维度定位为组织意会能力、战略执行能力和柔性决策能力三个方面，而动态能力是这三维能力的整合。企业动态能力的成因与机制的探索一直存在于动态能力理论的发展。从组织记忆理论看，企业动态能力不过是组织记忆系统的更新过程（潘安成、于水，2009），是组织忘记—组织记忆系统—组织再学习形成动态能力，这是企业动态能力形成的行为机理，组织学习仍然是企业动态能力增强的动力机制。能力具有知识属性，无论是核心能力、组织能力还是动态能力都不例外。因此，动态能力的知识构成主要有配置性知识、整合性知识、应用性知识、具体性知识，动态能力的形成是企业在动态环境中不断学习、自我管理、自我进化的一种综合能力（卢启程，2009）。有学者认为，动态能力这一概念准确抓住了资源与能力的演化本质，为企业管理与学界提供了另一种分析竞争优势来源的框架（李大元，2011）。许晖等（2013）将营销与动态能力结合起来，并对营销动态能力与动态能力进行了区分，认为动态能力是营销动态能力的基础，动态能力涉及更为广泛的流程集合。

就动态能力理论模型研究而言，学者研究所涉及的理论模型归纳起来共有四种：阶层分类模型、双重过程模型、战略整合模型和组织学习模型。正是这四种模型的构建，才能将企业动态能力形成机制、演进机理及其影响因素、培育与提升路径的本质揭示清楚，进一步强化其实践与应用。企业的动态能力在某种意义上讲，可以将其视为一种分阶层能力或者一种综合能力，还可以视为一种过程能力。就国内企业而言，相当数量的企业还不具备所谓的核心能力（孟晓斌等，2007），这也是国内企业生命周期相对较短的重要原因。需要说明的是，企业规模、行业特性、文化背景、属地特征等属性的不同，其动态能力的内涵与构成要件也不尽相同，在抓住企业动态能力共性的同时，更应关注企业的个性属性，在动态能力共性的分析框架上，逐步找出动态能力的其他构成要件，将是未来动态能力理论研究的又一紧迫任务。动态能力理论指导的现实背景，是西方国家信息化高新技术企业发展以及高新技术企业管理过程中面临的困境，对于发展中国家、第三世界国家企业发展和企业管理是否存在普适性，还需要后续加以研究验证（冯军政、魏江，2011）。

企业动态能力的形成机制与测量研究。蒋勤峰等（2008）利用270家孵化器企业的数据，对企业动态能力进行了测量，分别从掌握获得信息能力、识别新知识新技术能力、技术引进能力、新产品开发能力、技术消化融合能力等维度对企业动态能力进行了分析测算，结果发现，孵化器企业动态能力主要有吸收整合能力和创新能力维度两个方面。张军等（2012）从知识共享与集体解释视角出发，对动态能力构建进行了实证研究，认为动态能力是一种特定的过程，是企业不断更新能力基础的过程，而跨职能知识共享与集体性解释是这一过程实现的关键。邱国栋和赵永杰（2011）运用系统动力学相关理论，以通用电气公司成长历程为例，对企业动态能力的生成机制、阻力机制与动力机制进行了剖析，认为企业动态能力生成受生成过程中的阻力机制与动力机制共同作用。刘刚和刘静（2013）推演出企业动态能力的形成机制，由感知到协调整合到学习再到创新变革，如此往复运转，实现企业动态能力的维持与提升。

（3）动态能力演化机制及其影响因素研究

企业利用动态能力提升企业能力的方式有两个方面：一个是在企业内部寻找变革机会，如对现有产品或服务进行创新、对组织惯例实施变革、改变学习流程等；另一个是跨越企业边界实现能力提升，如企业并购、企业重组等。这也是动态能力演进的动力机制。企业内部的变革主要是通过学习机制来实现。卢启程（2009）从知识管理视角对企业动态能力演进路径进行了研究，以动态能力形成的知识演化、知识活动为主要研究方式，探查了企业动态能力演进的一般性规律，指出学习机制是动态能力持续发展和演进的保障。张军等（2010）根据和谐管理理论的基本思想，从横向和纵向两个维度构建了研究模型，假设环境的变化是企业资源配置方式变化的外在诱因，也是内源动力，企业动态能力演化的路径是三个阶段的循环推进：环境变化—和谐主题—资源配置方式调整。王国顺和杨昆（2010）构建了知识演进与动态能力的分析框架，在Collis（1994）动态能力与运作能力关系论证的基础上，建立了以知识演化过程为基础的动态能力，通过对知识演进的轨迹来厘清企业动态能力的演进机制。苏志文（2012）从并购前、并购过程中、并购实施后三个阶段，剖析了企业动态能力变化的过程，并且引申出动态能力对并购企业的影响，据此，深入阐述了企业并购过程中动态能力的演进机制。企业并购前识别机会并利用机会的能力以及并购选择能力都是企业动态能力的重要构成部分（Teece，2007），并购过程中的动态管理能力以及并购后的企业资源整合和重构能力都是构成动态能力的要件（Helfat等，2007），并购三个阶段企业能力变化正是动态能力演进的重要反映，也是动态能力扩张演进的轨迹。企业动态能力在并购的不同过程中影响因素也各不相同，组织学习、经验积累等都将是影响动态能力形成、演进的因素，也是影响动态能力作用于企业能力提升的重要诱因。

不少研究者选择以组织能力理论、学习理论为切入点，来探究企业组织动态能力的演化。动态能力概念与理论范式一经推出，便显示出强大的生命力与活力，其主要原因在于该理论涉及企业管理尤其是战略管理中众多理论研究议题，是研究的"瓶颈"问题，它不仅为各个研究议题提供了理论研究的新视角与新方法，也较好地适应了信息化时代企业管理过程产生的理论需求（Zollo，2002；Yin，2009）。组织适应、组织学习、战略更新、组织双元性等组织理论议题嵌入动态能力理论后，形成一系列全新的组织动态能力理论，组织动态能力演化正是在这一理论背景下诞生的研究命题（Bebchuk和Fried，2003；Kamminga，2007；Devers，2008）。动态能力作为一种特殊的能力，是企业知识的集合，能力的知识模型和能力改变的维度是研究动态能力演化过程的两个重要工具。组织通过学习获得知识，变异组织知识是动态能力演化循环过程的第一步，随即企业内部选择、传播、保持共同构成企业动态能力演化的过程（董俊武等，2004）。邓少军和芮明杰（2010）从微观认知机制研究视角出发，对企业组织动态能力演化机制的研究脉络进行了系统分析，研究认为，传统组织能力研究过于关注集体层面，以经验主导逻辑，缺乏足够的微观（个体）层面的组织能力研究，忽视了微观认知机制的行为逻辑与作用过程，管理者认知结构日益呈现柔性和复杂性，认知过程也呈现出创造性搜寻与战略性意义建构的双元性整合特征，据此，提出了组织动态能力演化微观认知机制研究模型，并给出了较为具体的研究思路和建议。曹红军和王以华（2011）构建了环境、信息与动态能力整合的分析框架，实证检验了环境—信息—学习—能力的演化路径，据此给出了提升企业动态能力的方法路径。

学界对学习、创新是影响企业动态能力的重要因素这一论断已没有争议。曾萍（2008）以华南地区企业为研究对象，以学习理论、创新理论和动态能力理论为分析框架，就学习、创新与动态能力的关联关系进行了实证研究，研究发现，知识创新对企业动态能力有直接影响，学习要通过创新才能对企业动态能力产生影响。邱国栋和赵永杰（2011）认为大力培育企业家创新精神，积极提升组织创新能力，有助于企业动态能力的生成，企业动态能力生成的阻力机制主要来源于企业的核心竞争力的核心刚性。焦方义和任嘉嵩（2012）从金融生态系统观角度，利用灰色系统理论构建因子挖掘模型，对农村金融企业动态能力的影响因素进行了实证研究，研究发现，农村金融企业动态能力的影响因素是由协调能力、创新能力、持续竞争能力构成的一级指标以及对应的二级指标形成的影响因素体系，因此，要提升农村金融企业动态能力，必须培育农村金融企业理性协调机制、创新机制，从农村金融企业内部寻找竞争优势的源泉。大量研究表明，社会资本与组织学习是影响企业动态能力形成的重要因素（Mathiassen，2007；Danneels，2010；Barrales – Molina，2010；Vergne 和 Durand，2011）。谢慧娟和王国顺（2012）以物流服务企业为研究对象，就社会资本、组织学习对企业动态能力的影响及作用机理进行了实证研究，研究发现，社会资本通过影响组织学习来影响企业动态能力，组织学习对企业动态能力有显著的正面影响。马鸿佳等（2012）将新创企业动态能力划分为三个维度：整合能力、创新能力、学习能力，并对这三个维度的影响因素进行了剖析，认为创业者、创业导向等是影响新创企业动态能力的主要因素。杨俊祥与和金生（2013）就知识管理内部驱动力与知识管理动态能力关联关系进行了研究，研究发现，企业文化、高层支持等是构成企业知识管理内源动力的五个方面，共同对企业动态能力产生作用。苏敬勤和刘静（2013）就复杂产品系统制造企业动态能力演化进行了纵向案例研究，得出了有益启示。

（4）动态能力的培育与提升路径

企业创业精神的培育被不少学者推崇为培育与提升企业动态能力的重要路径与策略。创业精神对企业动态能力的作用机理主要体现在以下几个方面：一是促进企业洞察力的提升；二是促进企业学习能力的提升，提升企业认知能力、学习能力、应对突发事件的能力等；三是促进企业整合外部资源；四是促进企业重构既有资源基础，延长企业生命周期。而企业创新精神的培育离不开企业家精神的培养，这首先需要企业家以及企业员工拥有远大的战略愿景。Hamel 和 Prahalad（1994）指出，企业的战略愿景必须大于其资源基础，并以此产生张力与压力，也只有这样的企业才有发展进步的动力。其次需要企业家拥有创业精神、员工具有创新意识。再次还需要企业组织的革新与学习机制。最后要有与时俱进的创新意识和捕捉机会的能力（蔡树堂，2011）。

创业导向、组织学习与动态能力三者之间的关系探讨也是国内外学者关注的热点问题之一。以学习理论与行为科学理论为分析框架，起初构建了创业导向、组织学习和组织能力发展的循环模型，后来将动态能力引进模型之中进行探讨（Zahra 等，2006），结果发现，创业导向型企业能促进企业内部的组织学习，组织学习又能促进动态能力的提升，对此 O. Connor 等（2008）、Bititci 等（2011）、Zheng - Feng 等（2013）进行了进一步的研究与印证。如何促进并增强中小企业成长与发展是政策理论界关注的重要主题，企业家学习能力的提升是中小企业动态能力提升的关键（魏江、焦豪，2007）。企业家学习的中小企业动态能力的作用机制可以从企业家学习阶段来洞察，企业家学习可以分为生成变异阶段、内部选择阶段、复制阶段和制度化阶段四个阶段，通过这四个阶段的循环转化，实现企业动态能力的提升（魏江、焦豪，2008）。在环境不确定条件下，曾萍等（2011）构建了企业战略与动态能力关联关系的分析框架，以珠三角企业数据为研究样本，采用 SEM 方法对二者关联关系进行实证分析，研究发现，创业导向与动态能力存在显著的正相关关系，并且这种正向关联作用不受环境动态能力的影响，但是环境动态性却可以通过影响组织学习、创业导向来影响动态能力的形成。

从学习理论视角来研究企业动态能力提升是多数研究者惯选的思路。崔瑜和焦豪（2009）采用案例分析法，构建了基于学习理论的企业动态能力提升路径的研究模型，据此提出了企业动态能力提升的路径。组织学习、动态能力与企业战略之间的关联关系研究也是学者研究的热点命题。曹红军和王以华（2011）从组织学习与环境动态性的整合框架出发，以中国高技术企业为实证研究对象，对企业动态能力提升及影响因素进行了剖析，结果表明，信息管理与组织学习是企业动态能力提升的重要路径，因此，企业应该着力打造组织学习与动态能力培育的信息基础。构建组织学习、动态能力与企业战略分析框架，采用结构方程模型对三者的关联关系进行验证，结果表明，企业组织学习能够同时影响动态能力和企业战略，动态能力对企业战略变化产生积极影响（李军等，2012；Wilden 等，2013；Bernroider，2013）。

也有部分学者从案例研究的实用性角度来研究特定企业动态能力培育与提升的路径。刘尔琦等（2005）以航天企业为例，在细致分析航天企业的特性以及发展的现状后，给出了动态能力培育的制度支持体系：一是构建突出企业核心优势的专业技术体系；二是构建适度规模的专业柔性生产体系；三是构建效益型整合的经营管理体系；四是构建强调学习能力培养的组织文化体系。显然，这些较为具体的提升企业动态能力的建议，是从组织学习、核心能力、市场能力、柔性管理等角度给出的，具有理论意义与实际操作性。

概括来说，企业动态能力的提升路径主要有四个方面：一是创业精神的培育，尤其是企业家精神的重塑；二是企业团队素养的培育；三是外部合作关系的改善；四是企业组织因素的创新。总的来说，学习理论相对于其他理论来说对企业动态能力的提升意义更为突出。

1.3.2　动态能力理论应用研究

动态能力理论的应用又可分为两个类别：一类是动态能力理论的直接应用，即直接应用于企业管理，如营销领域、战略管理、企业绩效等领域；另一类是动态能力的间接应用，也可称之为泛化研究、一般化研究，即移植动态能力概念范式、理论思想、分析框架应用于企业管理之外的领域，如产业集聚、技术创新能力等领域。

（1）企业管理中动态能力理论的应用研究

动态能力理论作为一种新兴的企业管理理论，其主要任务是服务于企业管理，包括企业的运营管理、绩效管理、营销管理、战略管理等内容。可以说，动态能力理论业已渗透到企业管理的方方面面。

动态能力是企业竞争优势的源泉。范新华（2011）从整合协调观、知识载体观、技术能力观、创新平台观、企业资源观、系统观、动态能力观阐述了高新技术企业核心竞争力的来源，动态能力是企业竞争优势持续存在的前提条件。资源整合过程、动态能力被认为是与企业竞争优势紧密相关的两个维度（Green 等，2008；Jentsch，2011；Jiao 等，2013；Petera 等，2013）。董保宝等（2011）将资源整合与动态能力有机结合起来，探讨了资源整合过程、动态能力与竞争优势的作用机理与影响路径，结果发现，动态能力在企业资源整合过程中发挥了中介作用，在企业竞争优势的关系中仅发挥了部分中介作用。

动态能力与运营管理。动态能力与运营能力具有相通性，动态能力更倾向于影响企业绩效发展。金融危机以来，BTO 供应链备受产业界的青睐，成为企业竞争优势来源研究的重要主题。借助动态能力理论，将企业动态能力与运营管理扩展到 BTO 供应链，重新定义其功能特性，设计出 BTO 供应链的动态运营能力以及实现路径（马金平、王刊良，2013；Pai 等，2013）。

动态能力对企业绩效管理的研究。采用动态研究方法剖析组织学习与企业绩效关系是近年来二者关系作用机理研究的一大突破。杨水利等（2009）以动态能力观为研究视角，以学习理论和动态能力理论为分析框架，以动态能力作为中介变量，以调查问卷为实证分析样本，就组织学习动态能力与企业绩效之间的关联关系进行了实证研究，结果表明，组织学习对动态能力有显著的积极促进作用，对企业绩效的正向作用较为微弱，动态能力对企业绩效亦有显著的促进作用，这一结论在随后的研究中得到了进一步的证实。曾萍和蓝海林（2009）从资源基础观视角，设计了一个有关动态能力与组织绩效的研究模型，选用珠三角企业数据，采用 SEM 方法进行实证研究验证，研究表明，动态能力与组织绩效之间存在显著的正相关关系，而与动态能力相关的变量，如组织学习、知识创新，对组织绩效没有直接相关关系，却与动态能力存在直接的正相关关系。罗彪和张哲宇（2012）运用因子分析、结构方程模型就领导力与动态能力对企业绩效影响进行了实证研究，结果表明，领导力与动态能力对企业绩效产出过程有显著的正相关关系。Salomo 等（2007）从环境动态性的视角，构建动态能力与企业绩效之间模型关系，以环境动态性为调节变量，研究探讨动态能力对企业绩效的影响作用机理，结果表明，动态能力对企业的绩效存在正相关关系，并且这种影响关系受环境动态性的影响。而要放大动态能力对企业绩效的正面影响效应，应提升动态能力与环境动态性的耦合性（Chengli 和 Chien - Nan，2012；Ravishankar 和 Pan，2013；刘刚、刘静，2013）。

动态能力理论在营销研究中的应用日趋深入。在动态能力理论诞生前，资源基础理论便被研究者们引入营销领域，尤其是企业异质性资源，如品牌、良好的顾客关系、合作伙伴关系等，都将是企业在营销过程中获得竞争优势的源泉（Barney，1991）。随着动态能力理论的发展与完善，研究营销学的学者逐渐将动态能力引入研究范畴，并将二者有机结合起来，开辟了营销动态能力研究领域的新局面（Newbert，2007；Ruey - Shun 等，2008；许晖、纪春礼，2010；Hodgkinson 和 Healey，2011）。营销动态能力的核心在于顾客价值，作用机制是通过动态能力与流程实现，又有不同于一般的营销能力（Bruni 和 Verona，2009）。

从并购视角研究企业动态能力是近年来动态能力理论研究的又一重要领域。跨越企业边界寻求新的资源，以此扩展或重构企业资源基础，是获得动态能力的重要途径（Helfat 等，2007；Zhu 等，2013）。企业并购正是基于这种理念，成为企业重新获得动态能力的重要方式，这也有效契合了并购与动态能力发展的关联性。Helfat 等（2007）提出了机遇并购的动态能力概念，主要包括并购选择能力、并购识别能力和并购重构能力，极大地丰富了动态能力理论的内涵，将动态能力理论的应用触角伸向了企业的发展战略，也为企业动态能力演化研究提供了新视角。

动态能力嵌入企业战略的研究。刘东华与和金生（2011）移植物理学中牛顿三大定律，给出了企业战略的三大定律，并在传统战略分析框架与动态能力理论框架的基础上，构建了企业应急反应战略动态能力模型。该模型充分整合战略管理、动态能力思想，将动态化环境对企业的影响进行全面系统分析，同时，积极引入相关理论模型，为动态能力的成功应用树立了典范。

（2）动态能力理论的泛化研究

最近几年来，学界逐步将动态能力理论广泛应用于技术创新能力、企业成长、产业集聚、产业集群、产业融合等微观、中观经济发展领域，取得了颇多成果，在很大程度上拓展了动态能力理论的应用空间，也进一步强化了该理论在管理学、经济学等学科的学术地位与理论价值。需要指出的是，动态能力理论更加注重发挥微观主体的能动性，对于竞争力模型、战略冲突分析、产业集聚等宏观、中观问题仍显局限性，只有将动态能力融入研究问题中，才能真正发挥动态能力理论的学术价值，这对于企业的成长、产业的升级乃至国家的兴衰都是至关重要的（祝志明等，2008）。

技术创新与制度创新是企业可持续发展的必要条件，这对于信息化时代企业尤为重要。技术创新能力是评价企业技术创新效能的一个重要指标，其形成、评价与演进更是当今学界研究关注的焦点。企业技术创新能力作为核心竞争力的来源，在面对复杂多变的外部环境过程中，技术创新不再是一个简单的技术创新流程或惯例，而是一个与环境保持良性互动的、累积性的复杂过程。企业高管的激励与技术创新间的关联也渐入研究者的视野（Bebchuk 和 Fried，2003；Tien 和 Chien – Nan，2012），但限于数据的可得性以及理论分析的局限性，这一类的研究往往停留在激励对技术创新投入的影响。鉴于此，徐宁和徐向艺（2012）借助动态能力理论的分析框架，对企业技术创新能力进行了重新界定，提出了技术创新动态能力这一新概念，并赋予了其丰富的内涵特征。在有关企业控制权激励双重性与技术创新动态能力实证研究过程中，徐宁和徐向艺将企业技术创新动态能力这一综合指标划分为三个二级指标：技术创新投入能力、技术创新产出能力以及技术创新转化能力。实证研究发现，控制权激励对企业技术创新动态能力具有双重效果，并且控制权激励与技术创新动态能力存在倒"U"形的相关关系。事实上，面对复杂多变的外部环境，企业创新与动态能力有内在一致性。林萍（2012）以企业资源为基础，从动态能力视角重新探讨创新的影响因素，通过实证研究得出两点结论：一是企业资源对动态能力有正向作用，即企业资源越丰富企业动态能力就越容易获得，但是企业资源对创新并不产生直接影响，而是通过影响动态能力间接作用于企业创新活动；二是动态能力对创新有显著的促进作用，企业动态能力越强，创新绩效越高。研究表明，社会资本对创新有正向影响（Zahra 和 George，2002；Zahra 等，2006），但是社会资本是如何影响创新活动仍未给出有效的解释。曾萍等（2013）就社会资本是否对企业创新有影响进行了探讨，从动态能力理论视角以及社会资本的构成视角对企业创新的影响因素进行了实证研究，结果发现，社会资本对企业创新的影响是通过动态能力这一中介作用形成的，并且社会资本各个构成要件对企业创新的作用程度也是各不相同的，其中业务社会资本对企业创新的正面影响程度最大。

企业成长发展与动态能力的关联关系。后发企业成长是新时期产业转型升级的核心内容之一，后发企业主要是指技术创新能力远落后于其他企业或者后进入市场的企业。江积海（2006）以中兴通讯为案例研究了知识传导、动态能力与后发企业成长的关联关系，结果表明，知识传导通过动态能力这一中介作用于后发企业成长，动态能力对企业成长具有显著的促进作用，甚至可以认为是企业成长的内源动力。新创企业的成长发展一直是政策理论界关注的焦点问题，新创企业的成长发展不仅关系到经济发展质量，也关系到一国经济环境的变化。胡望斌等（2009）通过对 199 家新创企业调查研究，采用层次式普通最小二乘法，对新创企业创业导向、动态能力与企业成长的关联关系进行了研究分析，结果表明，创业导向对新创企业的成长发展有显著的正向促进作用，而动态能力则不具有这种直接关系，仅具有中介作用，环境动态性对企业成长具有一定的调节作用。加工配套企业升级转型是近年来我国政策理论界关注的热点话题。我国如何实现从制造强国向创新强国转变事关国家综合竞争力水平的提升、国民经济的稳定增长，更关乎全面建成小康社会的伟大目标。董保宝和葛宝山（2012）利用大样本调查问卷对新创企业资源整合与动态能力的关联关系进行了实证研究，结果发现，新创企业资源识别过程同动态能力的形成并无显著的相关性，但资源获取、配置过程对企业动态能力的形成、演进具有显著的促进作用。但是这一结论的研究对象是建立在新创的高科技企业，对于其他性质的新创企业是否具有适用性还有待商榷。中小企业持续成长一直是政策理论界关注的热点话题，网络嵌入性对中小企业具有一定的促进意义，有利于企业获取所需的信息与资源、企业间实现专业化分工与合作以及企业创新绩效的提升。

动态化的竞争环境以及产业融合的深化。产业部门与金融部门之间形成的产融结合业已成为信息化时代的产物，拓展了产业新业态。支燕和吴河北（2011）从竞争优势内生论的视角，对产融实体经济现象进行了剖析，结合动态能力理论分析框架，从资源外取、能力整合、组织核心能力刚性突破三个方面，系统阐述了动态竞争环境下的产融结合的动力机制，并从资源基础观、动态能力观等角度提出了政策建议。

1.3.3　简评

就动态能力理论研究而言，由于研究视角的不同，动态能力概念的界定、形成和演化机制及其影响因素、培育与提升路径等的研究并未在一个统一的理论框架下进行（张晓军等，2010），这也使得各家之言难以形成体系。就动态能力理论应用研究而言，学界惯以大型企业作为研究对象，疏于中小企业的研究，尤其是边疆民族地区中小企业的研究更是鲜见，这与大型企业数据搜集相对容易、生命周期较长、资源与能力存量较高等客观因素有直接的关系。鉴于此，本书将对以下问题展开系统深入的研究探讨。

根据内蒙古自治区中小企业发展的特点和外部环境的特点，从动态能力的特征对中小企业动态能力的内涵进行重新界定。

揭示内蒙古自治区中小企业动态能力的演化机理，基于动力机制、学习机制和匹配机制角度，探讨中小企业动态能力演化的影响因素。厘清中小企业动态能力的演化过程，进一步给出内蒙古自治区中小企业动态能力培育的方法、路径和策略。

根据内蒙古自治区中小企业动态能力的内涵特征、演化机理与过程，对内蒙古自治区中小企业动态能力水平、特征进行综合评价，找出动态能力建设存在的短板，结合给出的中小企业动态能力培育方法、路径和策略，给出相应的建议。

1.4   研究内容与方法

1.4.1   研究的主要内容

本书共分七章，研究主要内容如下：

第1章为绪论，给出本书研究的现实背景和理论背景，提出本书研究的基本问题，并阐明本书研究的目的与意义，通过对国内外研究进行梳理评述，找出本书研究的核心内容，进一步明确本书的研究意义，最后简要介绍了本书的主要研究内容与方法。

第2章为本书的理论基础，主要对企业竞争力理论、核心能力理论、企业可持续成长理论以及动态能力理论进行了系统阐述，着重对动态能力发展渊源、内涵与特征、形成与结构以及其与竞争力、核心能力、企业可持续成长的关联关系进行了论述，为下文的理论研究与实证研究提供分析框架。

第3章从内蒙古自治区中小企业发展现状出发，对内蒙古自治区中小企业发展概况、发展面临的主要问题进行了梳理，从演化与动态能力演化出发，廓清了演化与演化过程的特点，界定了动态能力演化的内涵，重点对中小企业动态能力演化过程及影响因素进行了较为全面的论述。

第4章对内蒙古自治区中小企业动态能力演化发展的路径及演化机理进行了论证，着重从动态能力演化的动力机制、学习机制和匹配机制三个方面论述了内蒙古自治区中小企业动态能力演化机理。

第5章为实证研究部分，通过深入调研，对内蒙古自治区中小企业动态能力水平进行了综合评价，并选取汉森葡萄酒业有限公司作为代表，对其动态能力识别与评价进行了可操作化研究。

第6章重点阐述了内蒙古自治区中小企业动态能力的培育，阐释了从强化动态能力动力机制、学习机制和匹配机制三个方面来加强中小企业动态能力动态机制建设，并探讨了内蒙古自治区中小企业动态能力培育的路径，最后从重视人力资源开发与管理、提升战略管理能力、增强技术创新能力、建立并完善学习型企业文化制度四个方面给出了中小企业动态能力提升的策略。

第7章为结语部分，主要包括全书总结、创新点和研究展望。

1.4.2 研究方法

文献搜集法，又称历史文献法。运用网络资源、部门资源、图书资源收集大量翔实的文献资料，掌握第一手研究有关动态能力的含义与形成机制研究、动态能力演化机制及其影响因素研究、动态能力的培育与提升路径等核心理论问题的研究成果，归纳整理本书所需理论依据和相关资料。

聚类分析法。对企业所处环境进行聚类分析（集群分析），以划分环境为动态简单环境、动态复杂环境、稳定复杂环境和稳定简单环境。

模糊评价与马尔可夫链相结合法。对内蒙古自治区中小企业动态能力评价采用了模糊评价法静态评价与马尔可夫链动态评价相结合的方法，力求科学全面反映企业动态能力水平。

实证与案例分析法。对具有代表性的内蒙古自治区中小企业汉森葡萄酒业有限公司进行实地考察，具体了解其有关动态能力方面的资料和经营业绩，以及有关经验和方法，对其动态能力识别与评价进行了可操作化研究。

第 2 章

相关理论基础

2.1 企业竞争力理论

2.1.1 企业竞争力的本质

与一般概念上的竞争力相比,企业竞争力的本质有其特殊性。这是因为企业作为一个由资源、能力等构成的系统,具有经济趋利性,使得企业竞争力的来源、本质、形成等也独具特色。因此,要全面准确地把握企业竞争力的本质,必须首先应准确把握企业的本质特征。

(1) 企业的本质

企业的定义有很多种,可以从契约论角度给出定义,也可以从交易费用理论给出定义,还可以从能力理论角度来定义。要把握准确企业的本质,必须回答两个问题:企业是什么? 企业为什么而存在? "企业是什么?"这个话题一直是学界研究的热点与难点。而要科学解答"企业是什么?",必须把握企业的目的,即要回答"企业为什么而存在?"。对"企业为什么而存在?"这个问题的回答,实际上是要厘清企业存在的经济社会价值和作用。事实上,企业的目的来自企业自身之外。作为经济社会的微观主体,企业的目的是服务社会还是追求自身利润最大化,也是学界长期争议的话题。著名管理学大师德鲁克认为,企业存在的目的是创造顾客。这种回答一针见血地揭示了企业的目的,为大部分学者所推崇。

事实上,顾客不仅决定了企业是什么,还决定了企业生产什么,在某种程度上对于探知企业如何成长、发展、兴旺都有工具性意义。顾客创造需求,通过产品或服务的购买促使企业生产,为企业的成长、财富的转化、经济增长提供了内源动力；企业从供给到引导需求再到创造需求，不仅反映了企业先前从迎合顾客需求获得生存发展的过程，还映射出企业在激烈的市场竞争中积极引导需求、主动创造需求的发展轨迹。企业无论如何发展，失去对应的顾客，企业也将失去生存的土壤，将变得毫无意义，或者说企业不再是企业，已经蜕化成其他的组织体。

其次，还应把握企业是如何维持生存和发展的。交易费用理论从"有限理性"和"机会主义"的假设揭示了企业行为，认为企业是通过权威、管理来协调经济活动的一种组织形式（王核成，2010）。企业能力理论则认为，企业是资源与能力的复合体，企业的生存是建立在一定资源基础上，企业的成长则依赖于企业能力的扩张，因此，企业也被认为是能力的集合。显然，交易费用理论与企业能力理论在"企业是什么？"这一问题的认识上是各有侧重的，一方面，交易费用理论侧重于交易，将交易费用最小化视为企业发展的关键；企业能力理论则侧重于企业组织能力，将提升组织能力作为企业保持竞争优势获得成长的关键。另一方面，二者在对该问题的分析上也各有局限性。交易费用理论局限于交易本身，忽视企业的内在能力与管理，将企业能力作为一个既定的常量；而企业能力理论又存在忽视企业交易费用的嫌疑，过于关注企业的组织能力。但是相比而言，企业能力更能科学解释企业的本质属性（Pavlou 和 Sawy，2006）。

（2）企业竞争力的本质

同理，要把握企业竞争力的本质，首要把握企业的本质和竞争力的本质。如前所述，企业的本质是资源与能力的集合体。那么，竞争力的本质又该如何探究？这也是学界研究视角中的重要主题。资源的稀缺性与配置是经济学研究的核心主题。正是因为赖以生存的资源稀缺性、不可再生，使得这些资源在应用领域产生了日趋激烈的竞争。

竞争的本质是获得稀缺性资源。就企业竞争而言，企业在争夺生产资源、人力资源、市场资源过程中无时无刻在体验、经历和面临着竞争。企业通过竞争来实现生存、发展和壮大。从企业能力理论视角而言，竞争力的本质是获得稀缺资源的能力。随着科技创新的日新月异和全球一体化的深化，竞争力的内涵与外延也变得更加丰富起来，就应用领域和对象而言，既有企业竞争力、产业竞争力、国家或地区经济竞争力等微观、中观和宏观研究领域的应用，也有个人、组织或团体、国家等为对象的竞争力评价。那么，企业竞争力的本质可以概括为企业在为顾客创造价值的基础上，全面参与市场、争夺稀缺资源的一种角逐而体现出来的综合能力。可以从以下两个方面来把握企业竞争力的本质：一是企业竞争力是一种相对的能力，并且这种竞争力的比较、测算和评价与企业所在行业属性、市场竞争对手或潜在竞争对手都存在密切相关的关系；二是企业竞争力是一种动态的能力，它随企业外部环境和企业内部环境的变化而变化，但对企业竞争力的评价往往是静态行为。

企业竞争力的构成可以分为三个层面：第一个层面是企业产品或服务层，主要由企业产品或服务生产能力、质量水平能力、成本控制能力、产品或服务的营销能力以及研发能力构成；第二个层面涉及企业制度层，主要由企业组织能力、经营管理能力、企业制度构成；第三个层面是企业竞争力的核心，涵盖企业价值理念、企业文化软实力、企业发展战略、企业愿景。三个层面相互关联、相互影响，共同构成企业竞争力的来源。

（3）企业竞争力理论的主要观点

第一种代表性观点是基于产业分析和战略定位的企业竞争力研究。该观点认为，企业竞争力理论是建立在企业战略理论基础上，以哈佛商学院波特教授提出的"钻石模型"为标志，见图2-1。企业竞争力理论的核心内容由竞争定位理论、价值链理论和竞争战略理论三个部分构成，该理论一度被企业界奉为企业战略管理的掌上宝，推崇备至。企业竞争力理论就企业资源配置、产品研发、产品质量管理、市场策略、组织管理等企业管理内容进行了再造，极大地促进了企业管理理论的发展，也推动了企业的成长与竞争优势的培育。但是该理论实际是以产业作为研究对象，由外而内的分析思路难以打开企业竞争力来源的"黑箱"，并且忽视了动态环境对企业竞争力的影响，忽视了企业文化、机制等制度因素对企业竞争力的影响，忽视了顾客需求的变化以及顾客与企业的关系等（Jentsch等，2011），这些也是该理论由盛而衰逐渐失去其战略管理霸主学术地位的主要原因。

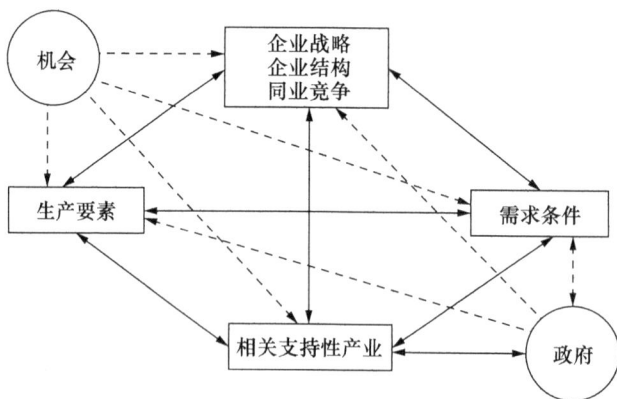

图2-1　波特"钻石模型"

第二种代表性观点是基于资源基础观的企业竞争力研究。企业资源基础理论建立在经典战略管理理论、产业组织理论等学科基础上，倡导"企业内在成长"。资源基础理论试图打开"企业黑箱"。资源基础观致力于回答企业如何获得竞争优势、如何维持竞争优势这两个问题。该观点认为，企业是资源集合体，企业资源是企业获得竞争优势的源泉。企业资源的异质性便是获得竞争力的核心（Leonard – Barton，1992）。企业资源基础理论强调企业应该不断挖掘、整合内部资源，实现资源的战略转型，最终确立企业的竞争优势，并通过资源的异质性、专有性、不可模仿性维持竞争优势的存在。该理论虽然成功打开了"企业黑箱"，颠覆了过去居于主导地位的传统企业管理理论，对企业扩张给予了有益启示，但是，随着经济社会的发展，该理论同样存在诸多缺陷与不足：一是对企业资源的界定不准确，资源的层次性、属性等难以科学处理，企业如何做到资源具有异质性、专有性、不可模仿性等并未给出明确的阐述，换言之，实操性较差；二是该理论过于强调企业资源的重要性，对企业的外部环境的关注不够，有闭门造车之嫌，难以在动态变化的外部环境中取胜（Mathiassen 等，2007）；三是研究对象不具代表性，理论适用不具有普适性，这一点与波特提出的企业竞争力理论有相通之处。

第三种代表性观点是基于能力的企业竞争力研究。企业能力理论认为，企业是能力的集合体，企业竞争力来源于企业能力。企业能力理论包括三个分支理论：企业组织能力理论、企业核心能力理论、基于流程的能力理论，各个能力理论的侧重点也各有不同。

企业组织能力理论的代表者是美国著名管理学家 Alfred D. Chandler，他批判交易费用理论提出的企业应关注交易成本观点，认为企业应该关注组织能力，尤其要强化组织学习能力。Chandler（1992）剖析了企业能力的主要来源，即应进行大规模的生产投资、营销网络投资、管理投资，以此获得足够强大的生产能力、营销能力和管理能力。同时，Chandler 还强调，组织能力是企业能力的核心，也是企业竞争力的源泉，它决定了企业其他能力的形成和提升，学习是组织能力形成和提升的关键。

企业核心能力代表者是美国著名战略管理学家 Prahalad 和 Hamel（1990），其核心观点是企业组织中的积累性知识，尤其是企业在协调内部资源过程中所积累的经验。Prahalad 和 Hamel 认为，企业核心能力集中体现在终端产品，因此，加强企业产品研发、提升产品生产能力是企业核心能力的关键。企业核心能力理论虽然弥补了波特的竞争力理论，但是自身仍存在一定局限性。首先，企业核心能力在揭示长期竞争优势过程中，缺乏可操作的识别企业核心能力的方法与途径。其次，与企业资源基础理论一样，过于关注企业内部分析，忽视外部环境的动态变化，容易使企业迷失方向。最后，该理论的研究对象选取的是电子机械制造业中的企业，对于其他行业的企业是否具有普适性还有待商榷。

基于流程的能力理论的代表者是 Stalk 等（1992），其核心观点是企业竞争优势不仅来源于核心能力，主要来源于企业的组织活动和业务流程，因此，企业要获得竞争力，必须优化企业的组织活动和业务流程。Stalk 等（1992）认为流程管理应该是企业管理的重中之重，应该着力培养企业流程再造的能力，而这种能力的培养应该注意四个问题：一是企业战略管理的基础不是产品或服务，而应该是企业的业务流程；二是企业竞争力的来源是企业流程转换过程中创造的价值能否为顾客所认可；三是企业应加强基础设施、资源的战略性投资，以此强化企业流程再造能力；四是企业业务流程应由企业最高管理者负责，以此来协调、优化各个职能部门的业务流程。基于流程的能力理论实际是组织能力理论与资源基础理论的有机结合，但是其致命的缺陷是，该理论无法回答以下两个问题：面对复杂多变的外部环境，企业如何实现流程再造以及企业业务流程如何适应动态变化的外部环境以保持企业竞争优势这也是动态能力理论诞生的理论背景。

2.1.2　竞争力与竞争优势的关联

（1）竞争力与竞争优势的渊源

竞争力与竞争优势的关联与区别似乎已为政策理论界所熟知，但事实并非如此。在研究与应用过程中，竞争力与竞争优势往往会混为一谈，忽视了竞争力与竞争优势的区别。竞争力与竞争优势的概念相通之处在于二者均缘起竞争这一名词。竞争最早出现于达尔文的进化论，用于描述物种之间的生存法则，正所谓物竞天择，适者生存，竞争犹如一个筛选机器，只有获得竞争优势者才能生存。这也是竞争优势的原始应用背景，随后被成功引入社会学、人类行为学、经济学、哲学、历史学、管理学等学科之中。在市场竞争中，企业只有集聚竞争优势才能获得生产和发展。

竞争力概念则是竞争优势的衍生概念，也是评价竞争优势的综合指标。市场经济下，企业为了争夺稀缺的经济资源而展开激烈竞争。企业的竞争优势既来源于企业的资源获得能力，也来源于企业的长期发展能力，即持续竞争力。学界在研究企业成长与发展过程中，将竞争力与竞争优势常常视为同义词。然而，学界对企业竞争力概念的界定仍没有取得一致，但就已有的定义特点看，企业竞争力的特征大体有以下几个方面：一是企业竞争力是一种综合能力，既包括资源的获取和配置能力，也包括组织能力、学习能力、战略能力等内容；二是企业竞争力的具体表现集中体现在企业所提供的产品或服务的品质上，而非一个不可捉摸的抽象概念；三是企业竞争力是一个相对的概念，这种相对性正是竞争优势的代名词,对竞争力的评价以及指标的确定,常常与同业竞争对手密切相关;四是企业竞争力是动态的概念,这与竞争优势的动态性相反,竞争优势是企业过去或目前所拥有的优势,随着外部环境的变化以及日趋白热化的竞争,企业竞争力的维持将变得更加困难,企业竞争力的内容也将变得更加丰富。

(2)企业竞争力与竞争优势的内在关联与区别

企业竞争力与竞争优势的关联关系主要体现在以下三个方面:

第一,企业竞争优势集中体现在企业在行业内的资源或者能力方面所拥有的优势,而企业竞争力则是企业竞争优势的集合体。企业竞争优势既可以是相对于竞争对手拥有的资源或能力的某一个或多个方面的优势,也可以是企业产品或服务拥有的相对优势,这些都是构成企业竞争力的因素。事实上,在市场竞争环境中生存下来的企业都拥有自身的竞争优势,也都拥有竞争力,企业成长速度的快慢、发展壮大的速度与企业竞争力强弱密切相关。企业核心竞争力的本质是消费者剩余。

第二,企业竞争力既包括竞争优势,也包括竞争劣势。企业竞争优势提升企业竞争力,竞争劣势则降低企业竞争力。企业只有不断提升竞争优势,减少竞争劣势,才能维持、增强竞争力。随着时间的推移,技术的日新月异、专业分工的深化、竞合关系的缔结,企业竞争优势不断演化更迭,原有的部分竞争优势将逐渐演变成阻碍企业持续发展的竞争劣势,成为企业终结退出市场的隐形杀手;原有的竞争劣势经过资源整合、能力提升演变成为促进企业成长的竞争优势,构成企业综合竞争力的核心,成为延长企业生命周期的内源动力。

第三,企业竞争优势是竞争力的源泉,其概念特点各有侧重。企业竞争力是一个综合性的概念,其构成具有多元性、复杂性,其来源则主要是企业竞争优势。这种相对于竞争对手的竞争优势恰恰是企业竞争力的源泉,是企业立于不败之地的根本保障,也是企业克敌制胜、突破企业生命周期"瓶颈"的法宝。企业竞争优势的来源又是源自企业资源的丰裕度与异质性、资源的获取与配置能力、组织学习能力等方面。企业竞争力与企业竞争优势的概念特点比较见表2-1:

表 2 - 1 企业竞争力与竞争优势概念特点比较

	企业竞争力	企业竞争优势
概念特点	具有综合性、动态性	具有具体性、独特性、静态性
比较对象	企业综合能力的比较,强调企业竞争优势	竞争优势的各个构成要件的比较,强调局部具体的竞争内容比较
侧重点	侧重企业未来的发展动态与盈利能力,突出企业的成长与发展	侧重企业过去、目前拥有的竞争优势,突出企业发展的基础条件

	企业竞争力	企业竞争优势
来源	主要来源于企业竞争优势	主要来源于企业各种能力、资源异质性、机制设计等方面
维持	不断培育与提升竞争优势、减少与转化竞争劣势	提升企业能力、资源异质性、专有性,优化制度安排等

资料来源:作者整理。

2.2　核心能力理论

2.2.1　核心能力的内涵

从管理科学理论发展的脉络看,从18世纪中后期倡导的经验管理理论到20世纪40年代推崇的科学管理理论,再到60年代掀起的行为科学理论,发展到20世纪70年代的战略管理,流行于20世纪80年代的竞争战略管理理论,这期间基本上是单一主流管理科学理论指导企业管理。然而,20世纪80年代末期以来,管理科学理论发生了根本性的变化,不再是流行主流管理学理论,而是朝着多元化方向发展,核心能力理论便是在这种管理学理论竞相迸发的背景下诞生的,见图2-2。1990年,美国著名战略管理学家Prahalad和Hamel在《哈佛商业评论》杂志上发表了企业核心能力一文,首次提出企业核心能力,并将其应用于企业管理实践中(范新华,2011)。

企业核心能力理论是战略管理理论深化发展的产物。20世纪60年代以来,战略管理理论经过快速发展诞生过诸多理论学派。从战略管理理论发展的阶段性来看,战略管理理论先后出现了三代核心思想不变的理论:第一代理论是组织结构战略管理理论,以美国著名管理学家Alfred D. Chandler为代表,其代表性观点前文已有阐述,在此不再赘述;第二代理论是20世纪70年代末期至20世纪80年代末期的竞争战略管理理论,代表人物是波特,核心理论包括价值链分析、钻石模型;第三代理论是20世纪90年代初期诞生的、基于资源观的企业核心能力理论,其代表性人物是美国著名战略管理学家Prahalad和Hamel,其核心思想是企业处理好外部竞争环境的同时,更应该注重企业内部能力的提升,积累自身独特的资源,培育企业特有的能力,即核心能力。核心能力主要指向企业中的积累

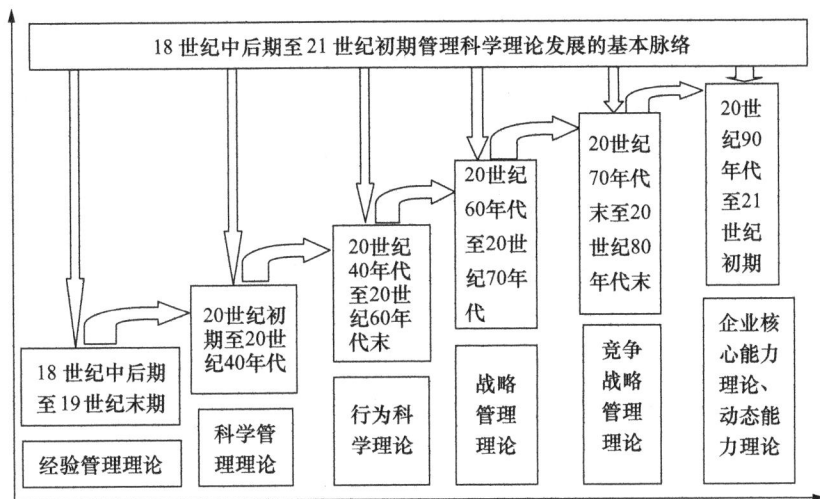

图 2 - 2 18 世纪中后期至 21 世纪初期管理科学理论发展的基本脉络

性学识,曾一度被学界认为是企业持续竞争优势的来源。核心能力观同样将企业作为能力的集合体,企业成长快慢、持续竞争优势大小与企业资源创造价值能力的大小紧密相关,与企业资源异质性、专有性、不可模仿性密切相关。显然,战略管理理论的发展深化走过一段从同质到异质、从外部向内部的思路转换,对企业管理的指导也由短期竞争优势的维持向长期战略竞争优势的转变,为企业的成长与可持续发展提供有效的理论支持。

2.2.2 核心能力的主要观点

企业核心能力一经提出,在学界便引起轩然大波,研究者们从各个角度对企业核心能力进行了广泛而深入的探讨,促使企业核心能力理论的日臻完善,也为该理论开辟了各个流派。其中较具影响力的流派持有的主要观点如下:

(1) 整合协调观流派:组织中的群体学习

整合协调观流派代表性人物是 Prahalad 和 Hamel。该流派认为,企业核心能力是组织中的群体学习,特指企业的协调与整合能力。该流派以资源基础理论为分析框架,认为企业资源分为实体性资源和联结性资源,实体性资源主要包括各类有形资源,如人力资源、知识产权资源、制度资源、市场资源等;联结性资源主要包括企业整合和协调各类实体性资源为实现企业目标服务的能力,如整合协调生产性资源与人力资源、构建内部的协调管理机制等。企业核心能力的来源主要来自联结性资源的整合和协调能力,并且这种能力使得企业资源结构具有难以模仿性、专有性,从而形成企业资源异质性,构成企业核心能力。

（2）知识载体观流派：组织内部一系列互补的知识

知识载体观流派代表性人物是 Dorothy Leonard - Barton。该流派认为，企业核心能力是企业内部各种知识的集合。该流派以知识传导理论和资源基础理论为分析框架，从核心能力的知识属性出发，将核心能力分散到企业内部组织结构、管理系统、人力资源、实体性资源等各种知识载体上，进一步强化了企业核心能力的知识属性。要培育企业的核心能力，就必须提升企业各个知识载体的知识承载能力，加强企业组织学习、员工学习等，以此来实现企业知识和资源的专有性、不可模仿性、异质性和稀缺性，提升企业核心能力，我国学者魏江对此进行了类似的阐述。显然，这种理论的侧重点实操性相对较好，具有显著的理论指导意义。但是，这种理论忽视了企业外部环境的变化，静态分析企业内部组织学习的重要性，缺乏对动态环境变化的应对研究，其局限性可见一斑。

（3）技术能力观流派：企业的技术创新能力

技术能力观流派代表性人物是 Patel 等。该流派认为，企业核心能力等同于企业的技术创新能力。企业专利和技术优势对企业发展意义重大，企业只有拥有一定的技术创新能力才能获得竞争优势，提升企业的核心能力。该流派以竞争力与竞争优势理论为分析框架，从技术创新能力角度，将企业技术状况与企业核心能力置于同一层面进行定量研究。这种研究范式虽简单且易于操作，并且适合于定量研究，但是该流派过于放大技术创新能力对企业发展的作用，却忽视了企业文化、市场营销、组织结构、制度机制等方面对企业核心形成的影响，因而，该流派实证研究得出的结论往往是有失偏颇的。

需要补充说明的是，创新平台观流派也是企业核心能力理论的重要组成部分，该流派的主要观点与技术能力观流派的侧重点有相似之处，认为企业核心能力来源于企业的研发能力、生产制造能力、市场营销能力，其集中体现是企业产品创新能力。创新平台观流派致力于研究企业产品创新策略，将产品创新置于创新平台观分析框架，对产品研发、产品生产、产品营销进行分层研究，以此构建企业核心能力。

（4）企业资源观流派：运用和配置资源的特殊性

企业资源观流派代表性人物是 Cgristine Oliver。该流派认为，企业核心能力是运用和配置资源的特殊性，即企业资源的异质性。企业持续竞争优势来源于企业资源和能力的独特性。该流派以资源基础观理论为分析框架，从资源的属性出发，对企业资源结构、属性进行区分，注重获取企业战略性资源的能力，以此保持企业的核心能力。企业资源分为有形资源和无形资源，根据资源的专有性、不可模仿性、稀缺性来划分、识别、积累、储存企业战略性资源，并不断培育企业的这种资源配置能力，保持企业资源的异质性，获取高额的经济回报。

（5）系统观流派：知识系统

系统观流派的代表性人物是 Henderson 和 Cockburn。该流派认为，企业核心能力是由知识系统构成的。知识系统是由企业经营、技术、产品、制度等构成的能力元及其能保持企业竞争优势的能力架构组成。该流派以系统观和知识观为切入点，将企业核心能力视为一个有机整体、网络体，注重各个能力元及其之间的关联关系。企业核心能力知识系统构成一般可以分为三个子系统，即技术核心能力子系统、组织核心能力子系统和文化核心能力子系统，三个子系统之间相互影响、有机结合。显然，系统观流派给出的核心能力兼顾了企业内部和外部、短期和长期，具有一定的动态性，却并未给出内外部知识系统内部的影响作用机理，对于各个能力单元及其联结构架的作用机制也没有清晰地揭示出来。

综观企业核心能力理论各个流派的主要观点不难看出，企业核心能力理论各流派多以企业资源基础观为分析框架，强调企业核心能力来源于企业资源和能力的异质性，各个流派理论构建之间存在明显的相互借鉴和相互整合，这也是促使企业核心能力理论丰富完善的动力机制。然而，各个流派的理论观点也存在一定的局限性和缺陷：一是各流派的研究偏重于企业黑箱的解释，对于企业外部动态竞争环境的关注较少，并且对于企业内部资源与能力和外部资源与能力之间的关联关系缺乏必要的研究；二是各流派给出的企业核心能力的定义较为模糊，可操作性较差，如知识系统、资源特殊性、互补的知识、技术能力等，各流派多从隐性知识的角度来探讨企业的核心能力，对于这种隐性的知识或能力的识别的研究较少涉及，更多的研究是建立在一套理论假设的基础之上；三是各流派在认知企业核心能力的过程中，往往强调一极而顾此失彼，如技术能力观流派认为核心能力是技术创新能力，忽视了企业文化、制度机制、组织结构等因素同样是构成企业核心能力的重要方面；四是企业核心能力的研究多是静态研究，这也与各流派研究的分析框架相关，企业资源基础观下必然关注企业内部资源与能力的研究，势必会忽视企业外部环境对企业核心能力的影响，也即各流派的动态研究过少，得出的结论有失偏颇、有待商榷。

2.2.3 核心能力与知识经济、技术创新、复杂系统理论的关联

企业核心能力理论与知识经济理论、技术创新理论、复杂系统理论等理论有着千丝万缕的联系，各个理论为企业核心能力理论体系的构建提供了必要的支持。企业核心能力理论研究者积极借鉴知识经济理论、技术创新理论、复杂系统理论等理论最新研究成果，拓展和丰富了企业核心能力理论，巩固了企业核心能力理论的学术地位。

（1）核心能力与知识经济理论

随着科技的迅猛发展，信息技术的日新月异，人类已步入知识经济时代。知识经济作为经济社会发展到一定阶段的产物，与农业经济、工业经济相对应，体现了人类文明进步步入高级化时期，人类社会的发展将面临更加复杂的外部环境，知识经济理论也由此而诞生。知识经济理论强调解放和发挥人的创新能力、强调人的全面发展。企业也将面临更加严酷的竞争环境，如何使企业保持竞争优势获得持续发展成为知识经济时代企业管理的核心命题。企业核心能力作为企业竞争优势的重要来源，在知识经济时代如何构建这一能力已是摆在研究者面前的一个重要问题。知识经济理论提出，企业应该增强知识效用与价值意识，从获取知识、更新知识的角度，对企业知识进行全方位的整合管理，确保企业知识的专有性、不可模仿性，构建企业竞争优势，以此保持企业核心能力持续发展。知识经济理论为企业核心能力的构建提供了新的视角，对企业核心能力理论的完善提供了理论支持，对知识载体观流派的形成具有重要贡献。

（2）核心能力与技术创新理论

创新理论的创立被认为是 20 世纪经济增长理论的重要突破，创新不仅是经济增长的内源动力，也是产业结构演进、企业竞争优势形成的重要诱因。熊彼特作为创新理论的奠基人，其核心思想是：创新导致了产业组织结构发生了根本性的变化，产业集聚、产业集群以及经济活动特有的周期性都与创新密切相关，它是经济发展的动力。创新理论发展至今近百年，作为一种基础经济学理论，已广泛应用于企业管理、产业管理、国家或地区经济发展等方面，其理论分支也日趋增多，以技术创新理论最具影响力。在企业管理理论发展演进过程中，技术创新理论是出现频率最多的理论之一。企业核心能力、企业竞争力、企业竞争优势、企业持续发展等理论学说，无一不与技术创新理论相关，在实际研究或者实践过程中，技术创新能力与企业核心能力、企业竞争优势等概念的边界越来越模糊，为了研究的方便，往往将技术创新能力等同于企业核心能力、企业竞争优势、企业竞争力等概念。这与技术创新在企业发展中的作用和地位密切相关。技术创新理论是一种集动态和静态分析相结合的分析范式，不仅能揭示企业核心能力的形成，对于培育和提升企业核心能力也具有显著的指导意义。

（3）核心能力与复杂系统理论

随着高技术的迅猛发展、专业分工的深化，系统论、耗散结构论、混沌论、超循环论等理论学说的日趋完善，学界整合这些理论的最新研究成果，构建了复杂系统理论，为经济社会发展提供了一个全新的分析框架。复杂系统理论又称复杂适应系统（CAS）理论，由美国圣菲研究所提出。该理论提出的初衷是基于不同学科领域之间存在着对经济社会事实一般规律的共识，各个学科领域研究的结论或者提出的观点有相通之处，也即殊途同归的效果。如果将经济、生态、社会等一大批复杂的系统对等起来研究，并且这些系统有自组织、适应性、动态开放性等共同性，那么各个学科学说将朝向综合的方向发展。复杂系统理论对于企业核心能力研究同样具有适用性，企业也是一个有自组织、适应性、动态开放性等特征的复杂适应系统。复杂系统理论为系统观流派的形成提供理论支撑，能更好地反映企业核心能力的本质，对于企业核心能力的形成机制、演进机制以及提升路径均具有指导意义。事实证明，复杂系统理论在企业核心能力研究过程中更具有效性，不仅在于该理论提供了一个企业内部和外部全方位的研究视角，更在于其动态分析方法的魅力，为企业适应复杂动态变化的超竞争环境提供了抓手。可以预言，复杂系统理论在企业战略管理中的应用将是未来理论研究的一大热点和亮点。

2.3 企业可持续成长理论

2.3.1 企业可持续成长的内涵

一般认为，企业可持续成长的概念是在产品生命周期日趋缩短的现实背景下提出的。企业面对外部环境的迅速变化，技术创新以惊人的速度促进产品更新换代，单一产品生命周期缩短等加剧了企业间竞争的激烈程度，使得企业生命周期也日趋缩短，如何延长企业生命周期、实现企业可持续成长成为实业界关注的热点话题。

企业生命周期理论认为，企业与生物有机体相似，不仅具有生命，还拥有一个相对稳定的由生到死的生命周期。企业生命周期可以分为孕育、成长、成熟、衰退和消亡几个阶段。企业生命周期在过去很长一段时期内有效解释了企业为什么在一定时期内产生和消亡，这也似乎给每一个存在的企业下了一个"诅咒"，或者说是给了一个精准的预言，企业只要存在，无论企业如何成长、成长壮大的如何之快之好，企业永远也摆脱不了消亡的厄运。随着技术创新理论、企业竞争优势理论、企业竞争战略管理理论等理论的相继出现，企业生命周期理论的霸主地位已然被撼动，企业生命周期不再是一个不可打破的神话。实践证明，企业通过持续不断的产品技术创新、组织变革、市场创新、机制创新等努力，不仅可以使企业延长生命，还能实现企业的可持续成长、永续成长，成为百年老店、千年老店。从这个意义上讲，企业可持续成长概念既是针对企业生命周期理论的挑战，也是企业在新时期不得不考虑的且又不得不解决的迫在眉睫的问题。

企业可持续成长是一种全新的企业成长理念，也是企业成长的一种特殊状态。企业可持续成长是一种创新后的企业成长模式，是企业摆脱生命周期宿命的理念。它意在表明，企业能够通过资源和能力的再造实现企业永续成长、持续成长，而不会走向衰退乃至消亡。企业可持续成长是一种动态的长期的成长状态，企业由小到大、由简单到复杂、由弱到强地动态成长，其成长的标尺是动态的，因而企业能够一直保持这种成长状态。

2.3.2　企业可持续成长的动力机制

要理解企业可持续成长的动力机制，第一要把握企业成长的动因及方式，第二要厘清企业可持续成长的根源。

（1）企业成长的动因及方式

企业成长理论研究的主要内容有企业存在和企业发展两个层面，企业存在这一主题主要围绕企业为什么存在及依靠什么存在这两个问题展开，企业发展则主要围绕企业发展的表现是什么以及企业发展的影响因素是什么、企业发展的方式与路径是什么以及如何实现企业可持续发展等一系列问题而展开。企业发展理论研究内容涵盖企业的扩张、企业与其他组织和制度的关联关系。企业成长则是企业扩张问题下的一个子命题，见图2-3。

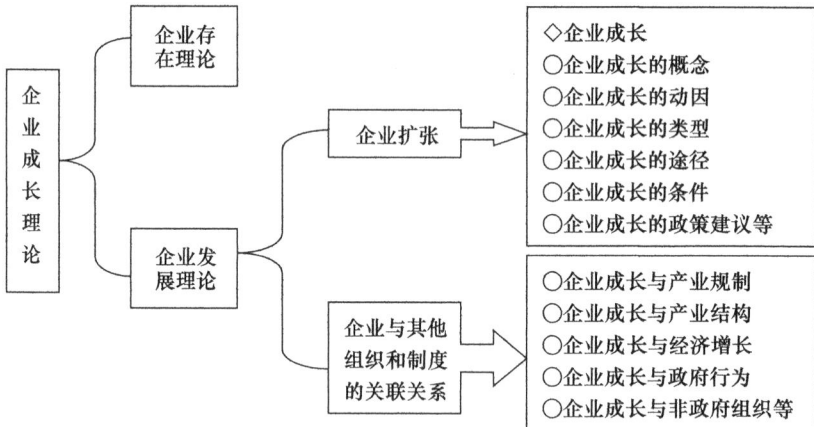

图 2-3　企业成长理论的主要研究内容

企业成长表现为企业规模的扩大、产品或服务的创新、组织结构再造、管理方法革新等方面，具体可划分为企业量的成长和质的成长，质变引起量变，量变促进质变，二者共同促进企业的全面成长。

传统企业成长理论认为，组织能力是企业成长的动力源泉。企业组织能力来源于企业生产制造、市场营销、人力资本管理、财务管理、资本运营、制度建设等方面，这些也是企业竞争优势的重要来源。市场经济条件下，企业不仅关注企业的交易成本，也追求规模经济和范围经济。影响企业成长的因素有企业内部和外部两个方面。就内部而言，主要包括企业资源丰度、技术、知识、资本存量、企业家精神、企业文化、企业战略、组织结构、制度机制等；就外部而言，主要包括政治经济环境因素、产业因素、市场竞争因素、产业集群的作用、转制因素、区域品牌因素、区域地理、历史文化因素等。对各个影响因素的深入研究，也形成了关于企业成长各具特色及影响力的流派，如技术成长论、资源成长论、企业战略成长论、企业文化成长论、企业结构变化成长论、企业家行为决定论。资源成长论认为，企业成长理论是一种内生的、路径依赖的理论，企业成长是知识累积性增长的演化过程。企业知识论则认为，企业成长是企业拥有独特的知识构建了企业的持续竞争优势，重构了企业成长的边界。

企业成长的方式是指企业通过特定的成长路径实现成长目的的一种过程。从企业成长的实践经验看，企业成长的主要方式有四种，分别是多元化经营、地区扩张、横向合并、纵向一体化，并且这四种成长方式分别具有各自的适用条件。多元化经营主要适用于企业面对复杂多变的、超竞争的外部环境，如大型房地产企业；地区扩张主要适用于追求规模经济、范围经济的企业成长，这类企业的延续成长依赖于企业规模的不断扩大，如肯德基之类的餐饮企业；横向合并主要适用于企业管理、营销成本的缩减、控制市场力以追求交易成本经济的企业成长，这也是当今企业间尤其是跨国公司的合并日趋频繁的主要原因；纵向一体化主要是企业为追求交易成本经济，整合企业生产价值链，在企业间寻求规模经济的一种企业成长模式，如汽车企业通过上下游供应链、生产链的整合实现快速成长。

（2）企业可持续成长的根源

从企业可持续成长理论研究脉络看，企业可持续成长的根源主要有外因论和内因论两个方面的论断。就外因论而言，代表性的研究有基于产业组织理论的企业可持续成长、基于竞争战略理论的企业可持续成长给出的观点；就内因论而言，代表性的研究主要有基于资源基础理论的企业可持续成长、基于企业能力理论的企业可持续成长、基于知识理论的企业可持续成长得出的结论。这些观点、结论从不同视角给出了企业可持续成长的根源，揭示了企业可持续成长的动力机制。

基于产业组织理论的企业可持续成长。产业组织理论视角下，企业可持续成长与两个因素紧密相关。一是企业所在产业的产业组织结构，这是决定企业的市盈率、投资收益率的关键因素。如果产业内部各个企业竞争过于激烈，企业外部成长环境趋于完全竞争市场，那么企业难以获得高水平的市盈率、投资收益率，企业成长将变得步履维艰。此时，产业组织理论的观点是选择成长性好、市盈率空间大、产业吸引力强的产业作为企业成功转型的出路，并以此获得企业的快速成长（范新华，2011）。二是产业结构的演进，这是决定企业生命周期的重要因素。一般而言，企业所在产业如果处在衰退期，那么企业成长将面临困境，要么随产业的消亡而消亡，要么迅速退出夕阳产业，而选择与时俱进，进军新兴产业或者选择成长性好、市盈率空间大、产业吸引力强的产业作为企业重生的出路。显然，产业组织理论视角下企业可持续成长，实际上是从产业识别和产业选择的角度来研究企业可持续成长的。

基于竞争战略理论的企业可持续成长。竞争战略理论视角下，企业只要成功实现波特三个基本竞争战略中的一个便可以实现可持续成长。波特提出的五种竞争力模型：新进入者威胁、卖方议价能力、买方的议价能力、替代品威胁、现有竞争对手的竞争能力，对企业成长具有重要指导意义。他构建了市场结构—行为—绩效（SCP）分析范式，就企业成长提出了三个基本竞争战略：成本领先战略、差异化战略、目标集聚战略，这三种竞争战略被企业管理者奉为管理法宝，对企业战略发展具有显著的指导意义。对于广大中小企业而言，这三种战略更是企业实现可持续成长不可或缺的策略。但是，波特提出的这三个基本竞争战略过于宽泛粗略，极容易被竞争对手所模仿，极大地限制了该理论的应用价值。

基于资源基础理论的企业可持续成长。资源基础理论认为，企业不是简单的生产函数，企业的存在是因为企业比市场契约更具有资源配置、创造以及知识获取和积累等方面的优势（江积海，2007），企业的规模经济和范围经济性是由企业现有资源存量和即将获取的新资源的专有性、独特性、异质性程度决定的。企业内部资源的有效利用将为企业成长提供源源不断的内源动力。企业内部常常会有大量资源没有被充分识别与有效配置，这既是制约企业成长扩张的因素，也是企业挖掘自身竞争优势、获得快速成长的前提条件。企业的不同资源对企业成长速度、成长方向、成长质量的影响是不同的，过分关注产品研发资源的企业成长比其他企业成长速度慢，人力资源闲置资本资源利用程度高的企业能在短期获得快速成长，但难以获得持续成长。研究者还发现，在资源稀缺性情形下，企业可持续的竞争优势不仅来源于企业资源的专有性、独特性、异质性程度，更在于企业拥有获得和保持资源独特性、异质性、不可模仿性的能力（Pavlou 和 Sawy，2006；Newbert，2007）。遗憾的是，企业资源基础理论并未就这一能力给出解释，也未对此进行进一步的研究。这也为企业能力理论的创立和发展留下了空间。

基于企业能力理论的企业可持续成长。从企业能力理论体系的内容架构看，企业能力理论的核心是由企业核心能力理论和企业动态能力理论构成。20 世纪90 年代，企业核心能力理论与企业可持续成长的研究成为企业能力理论研究的主要内容。企业动态能力理论则是在批判基于资源基础观的企业核心能力的基础上诞生的，有关企业动态能力理论与企业可持续成长的研究也是在 20 世纪 90 年代末期正式开始的，对此，将在下文进行较为系统详细的阐述。如前所述，企业核心能力理论是战略管理理论深化发展的产物，由美国著名战略管理学家 Prahalad 和 Hamel（1990）率先提出，其核心思想是企业处理好外部竞争环境的同时，更应该注重企业内部能力的提升，积累自身独特的资源，培育企业特有的能力。核心能力主要指向企业中的积累性学识，曾一度被学界认为是企业持续竞争优势的来源。核心能力观将企业作为能力的集合体，企业成长快慢、持续竞争优势大小与企业资源创造价值能力的大小紧密相关，与企业拥有获得和保持资源独特性、异质性、不可模仿性的能力大小密切相关。综合企业核心能力各个流派的观点可知，企业可以通过构建强大的知识系统、保持资源特殊性、增加互补的知识、提升企业技术创新能力、强化组织学习等途径来提升企业的核心能力，最终实现持续成长的目标。

基于知识理论的企业可持续成长。企业知识理论是继企业能力理论之后出现又一为学界所追捧的理论。对于企业知识理论视角下企业可持续成长这一命题，企业知识理论构建了这样一个分析框架：企业积累性、根植性知识→独特的企业知识→企业核心能力→企业持续竞争优势→企业可持续成长。显然，企业知识理论同样是从企业内部所隐藏的知识这一特殊性资源入手，研究企业内部的知识性资源通过何种方式成为独特性的企业知识资源，构成企业的核心能力，为企业持续优势的保持提供内源动力，实现企业的可持续成长。企业知识理论认为企业这种独特性知识是企业核心能力的本质，并且决定了企业成长的边界。企业知识从本体论维度划分，可以分为个人知识、共有知识；从认识论维度划分，可以分为显性知识和隐性知识（蔡树堂，2011）。将两个维度划分的知识整合起来形成一个 2×2 矩阵，企业的核心知识便被清晰地表示出来，并形成新的知识类别：一是抽象性知识，主要有专业知识、理论知识等；二是编码性知识，主要有企业规章制度、流程、技术文件等；三是实践性知识，主要有直觉、技巧、经验、智慧等；四是根植性知识，主要有组织惯例、价值观、企业发展愿景等。这四类知识构成企业知识体，是企业核心能力的来源，也为企业实现可持续成长提供了可探知的路径。

2.4 动态能力理论

2.4.1 动态能力理论的源起

动态能力理论创立至今不到二十年，作为国际学术界前沿理论虽然获得学界的热捧，但这一理论尚未形成统一的理论分析框架。一个奇怪而饶有兴趣的现象是，学界对动态能力的理解以及动态能力的实践应用可谓是百花齐放、百家争鸣，各种动态能力理论观点散见于各类文献中，即便是专门的动态能力理论研究综述，也无法廓清动态能力理论研究的基本脉络，对动态能力理论研究存在的问题也是隐晦不言、避重就轻。诚然，经济学和管理学理论各流派的发展，从来都是你中有我、我中有你，这也是学界认同的经管不分家。然而，作为一种科学严谨的理论，其形成与发展必然存在一条泾渭分明的主线引导理论研究的方向和内容，这条主线是由该理论要研究的基本问题、基本方法、研究对象等系列内容构成，简言之，是主导理论发展的核心思想。鉴于此，有必要追溯挖掘动态能力理论的源起，并对动态能力理论的基本脉络进行系统梳理。

动态能力理论是在特定的现实背景和理论背景下诞生的新兴企业管理理论，它建立在经济学和管理学相关理论基础之上。从理论研究的出发点看，动态能力理论是围绕这样两个基本问题展开研究的，即动态环境下企业如何构建竞争优势并保持这种竞争优势？企业绩效由什么决定？对于从事理论研究工作的学者来说，任何一种理论的诞生都不是无水之源，其理论思想通常都能在整个相关理论发展史中找到蛛丝马迹。借此，本着追根溯源的思想，从经济学和管理学两个学科理论发展史出发，对与动态能力思想相关的理论、不成熟的观点等进行了较为深入全面的整理，结果发现，动态能力理论的思想源头出自亚当·斯密的劳动分工理论和马歇尔的新古典经济学理论。

劳动分工理论阐述的基本思想是，劳动分工是企业生产流程日趋简化、分解的连续发现过程，这一过程将产生专门的生产性知识，这些专门的生产性知识的发现和积累就构成了企业能力。不难看出，劳动分工也是能力分工的雏形，或者说能力分工是劳动分工发展的高级化。在同一个企业尤其是多元化、大规模经营的企业内部，劳动分工和能力分工同时存在于企业分工中，二者相互影响、相辅相成。

新古典经济学理论中将企业视为"黑箱"，为分析的方便而将企业视为一个投入产出函数决定的"黑箱",通过规模收益递增规律与完全竞争之间的分析,得出了静态均衡分析的不足,这也为动态分析开辟了空间。在企业、产业乃至整个社会范围内都存在生产进程和知识积累,只有设计顺畅的生产流程保证生产进程高效,不断积累知识保持动态适应性,企业才能获得长期发展。马歇尔在专业分工和协调生产方面也做出了精辟的讲解,他认为专业分工和协调生产之间的耦合度越高,越有利于企业成长,企业专业化分工和协调生产为企业创造了内部经济和外部经济两类经济,并逐一进行了解释阐述。对企业内部和外部的划分,表明企业成长过程中应动态关注内部经济与外部经济发展的协调性,这也可以视为动态能力理论萌芽。在论及企业成长时,他认为企业的成长是一个不断试错的、螺旋上升的过程,这也是早期企业成长论的雏形,学界称其为企业内部成长论或企业进化论。

动态能力理论的理论基础主要有组织理论、企业资源基础理论、演化经济学理论、企业知识理论。面对超竞争环境,企业生存态势发生了根本性的变化,企业组织理论、企业资源基础理论、演化经济学理论、企业知识理论等理论在揭示企业成长问题过程中,表现出明显的牵强附会,对企业管理与企业成长的指导作用也日趋下降,但这些理论却从各自的研究侧重点为动态能力理论的形成提供了强大的支持。换句话说,动态能力理论正是适应了特定环境下企业成长的理论需求,较好地整合和借鉴了企业组织理论、企业资源基础理论、演化经济学理论、企业知识理论等理论成果,建立了一个全新的理论分析框架,有效揭示了新时期企业成长的动力机制,解释了企业为什么会表现出不同的绩效。

2.4.2　动态能力的内涵与特征

厘清动态能力的内涵与特征,不仅是动态能力理论研究必须回答的基本问题,也是廓清动态能力理论体系关键的一环。从上文对相关文献的梳理来看,学界对动态能力的内涵的认识尚未达成一致。对动态能力的内涵与特征的科学把握,应该从其提出的现实背景入手,结合其研究对象、研究的基本问题进行系统分析。

（1）动态能力的内涵

在信息化时代,技术创新日新月异,产品更新换代速度日趋加快,顾客需求偏好多元化且多变,企业的竞争优势在这种超竞争环境下迅速地创造,并快速遭到毁灭。信息化时代催生了超竞争时代,企业的竞争环境变化速度越来越快,市场竞争日趋白热化。面对全球经济一体化的深化,为适应市场的变化和经济发展,跨国公司之间由过去单纯的竞争逐步转为竞争和合作相结合,并且以合作为主流的新型关系。过去依靠企业资源异质性、技术创新能力、知识储备、人才储备、组织结构变革、管理创新、制度机制创新等来获取持续竞争优势的理论指导和做法已然失去了应有的效用，以不变应万变、闭门造车的理论分析模式已成为历史。如何将这些企业内部优势有效整合起来，有效适应动态变化的外部环境，以此保持企业竞争优势获得可持续成长，变得尤为迫切。从相关研究文献看，围绕资源的获取、整合，动态能力理论研究者就动态能力的内涵与特征、形成与结构等基本问题展开了广泛而深入的探讨。

动态能力作为一种能使企业保持持续竞争优势的企业能力，已不再是一种单纯的企业能力，而是涵盖了企业整合和配置企业内部和外部资源重构企业竞争力的能力、过程或惯例。这些能力、过程或惯例能够让企业在面对外部环境的变化时，迅速做出调整，以获取和保持竞争优势，实现企业的可持续成长。动态能力最大的特点在于，该概念旨在设计一个变化的策略，应对企业内部和外部变化的环境，即以动制动的企业管理方略，同时也是全方位整合企业内部和外部资源的视角，避免顾此失彼的企业管理模式带来的弊病。

动态能力与应急处理、组织惯例、运营能力等概念有相似性和显著的区别，这也是更好地理解动态能力内涵的途径。动态能力在某种程度上具有重复操作性，包含模块化、程式化与学习惯例性活动，这有别于应急处理的机会主义、实用主义、随机性。动态能力强调机动性、主动性，而组织惯例则是无目的的组织行为。动态能力包括实体能力、运营能力、动态应变能力等，是企业能力的集合体，运营能力更侧重于企业的实体能力、谋生能力。Eisenhardt 和 Martin（2000）将运营能力也视为企业竞争优势的重要来源，认为动态能力并不是企业竞争优势的动因。

综合以上文献对动态能力内涵的阐述与研究，结合企业动态能力的表现特征，我们认为，企业动态能力是指在不断变化的外部环境情况下，企业以保持持续竞争优势为目的，以动力机制、学习机制和匹配机制交替运转的连续演化过程为机理，依赖战略分析、战略定位、战略实施与战略评价调整为主要路径，整合和配置企业内部和外部资源，重构企业竞争力而形成的能力即为动态能力。

（2）动态能力的基本特征

从动态能力的内涵看，动态能力的基本特征有学习性、综合性、主动性和演化性四个方面。

第一，学习性。动态能力作为一种特殊的企业能力，同时具有能力的知识属性，而知识的形成和积累依赖的是学习机制。企业动态能力的形成是企业通过学习积累得来，并非与生俱来。这里的学习分两种：一种是积累性的学习，这种学习具有路径依赖性，是导致企业内部资源结构独特性、组织能力进化演进的内在原因；另一种是动态的学习，是企业根据内外部环境进行的试错学习、干中学、即兴学习，使企业更快更有效地配置资源以保持竞争优势，这也是企业动态能力的主要来源与本质特征。

第二，综合性。从既有文献看，学界对于动态能力特征的立场已然形成了具体和抽象的二分法窠臼中，即要么坚持认为动态能力是具体的企业能力，要么认为是抽象的、不可捉摸的思想。事实上，动态能力既是具体可操的能力、惯例、过程，也是一个非常抽象的概念。不管是将动态能力视为一种综合能力，还是惯例或过程，对企业动态能力的测量和评价，总会形成一套较为具体、全面的指标体系，并且具有可操性和现实意义。另外，动态能力不是单纯的企业能力，而是一种超越一般企业能力的能力、过程或惯例，概念抽象程度较高，甚至是一种相对于具体的企业行为的指导思想。动态能力的具体性和抽象性犹如鸟之两翼、车之两轮，共生共荣。

第三，主动性。动态能力的主动性并不能将其等同于主观性，而是企业根据内外部资源环境变化特点，创造和利用具体职能能力的主动性能力。从人本管理视角和以人为本理念看，动态能力的主动性来源于企业管理者和员工的主动能力，是企业主动调适能力（Augier 和 Teece，2009），与企业人力资源管理绩效紧密相关。动态能力虽然源自组织理论、资源基础观、企业知识理论、演化理论的理论思想，但在本质上是自主论，并且与自主论思想一脉相承，这也使得企业的战略选择具有高度的自由性。企业高层管理者的主动性直接影响企业战略选择的空间，企业员工的自主性则影响企业战略执行力绩效，二者既是构成企业动态能力主动性的两个方面，也是影响企业竞争优势大小、持续时间长短的关键。

第四，演化性。动态能力的形成与作用、演化及其影响因素、培育与提升的路径都与企业发展路径紧密相关，既遵从一定的企业成长规律，也有自身发展的特殊性。企业成长的路径或者组织的路径常常是既定的，即企业能做什么、往哪里发展等受其位势、历史路径限制（Teece 等，1997）。这种路径决定了动态能力的形成机制和作用机制，对动态能力的演化也将产生影响，但并不决定企业动态能力的演化路径，这也是动态能力较其他企业能力的优越之处。一般而言，受企业属性与成长路径影响，动态能力的演化具有多元性，既定企业的动态能力演化具有独特性、持续性、复杂性的特点。学界对动态能力的演化机制的研究还处于探索阶段，高质量的文献、结论性观点鲜见，对动态能力的演进机制的研究还有待深入。

2.4.3　动态能力的形成与结构

（1）动态能力的形成

对动态能力的形成的研究，有这样几种观点：

一是 Teece 等（1997）认为过程对动态能力的形成至关重要，企业能力是嵌入企业组织流程和惯例之中。事实上，企业能力的形成离不开组织与管理过程。过程是分析动态能力形成的基本分析单元。动态能力的形成是在外部环境变化下，基于原有能力体系的变化过程转化形成新的能力体系，从而构成企业的持续竞争优势。企业原有能力体系又是建立在一定资源基础之上，通过组织与管理过程中的协调整合、学习、重置与转换等方式，在特定路径下形成新的企业能力，也即动态能力，如此往复，不断形成企业动态能力，动态能力也在此框架下实现演进，整个过程见图 2 - 4。

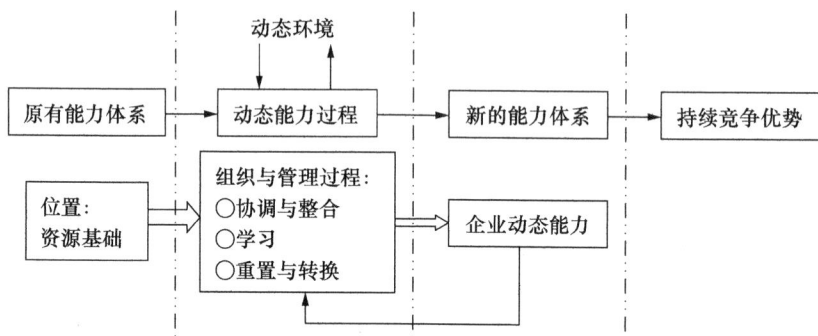

图 2 - 4　企业动态能力的形成过程

二是 Eisenhardt 和 Martin（2000）认为动态能力是企业为适应市场变化或是为了创造新兴市场应用资源的流程，并且这种流程由整合、重组、获取和让渡资源四个方面构成。从这种观点看，动态能力的形成仍是一个过程，缺少整合、重组、获取和让渡资源四个方面中的任何一个，动态能力都不能形成。换言之，只有整合、重组、获取和让渡资源四个方面都处于流程之中，企业动态能力才可以观察到。

三是 Zollo 和 Winter（2002）提出动态能力的形成是由企业组织学习实现，从惯例、演化角度将动态能力界定为一种改变惯例的惯例，其作用机制是通过集体活动实现系统地创造、调整运营惯例。同样，这种惯例模式是在已有惯例基础上，通过组织学习不断整合形成具体的动态能力，由各个具体的动态能力集聚形成企业动态能力体系。

四是 Helfat 等（2007）发现企业面对动态变化的外部环境过程中，有目的的创造、改变企业资源基础来获得持续竞争优势的能力也是动态能力的重要体现。企业通过调整企业组织资源基础，识别外部发展机会，形成响应能力并付诸实际行动，这也是一个动态的能力形成过程，每一个子过程都有其自身的任务，见图 2 - 5。

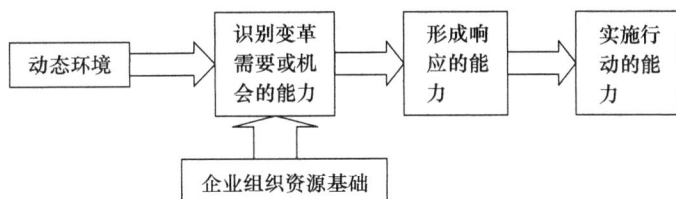

图 2 - 5　基于企业组织资源基础的动态能力形成过程

从动态能力的内涵与特征可以看出，首先，动态能力不是无中生有，是基于动态环境的变化和改变环境的愿景，即存在一定的激励要素和创新要素作为基础动力。其次，动态能力不是企业与生俱来的，是通过整合信息、知识资源，由组织学习获得的，即存在一定的组织结构中，特定制度安排下的学习机制作为实现路径。最后，通过准确判断环境变化与企业资源能力变化，做出正确选择，并付诸行动，这里存在一个企业决策行为与外部环境相匹配的机制。因此，动态能力的形成应该是由动力机制、学习机制和匹配机制构成的一个较为完整的过程，见图 2 - 6。

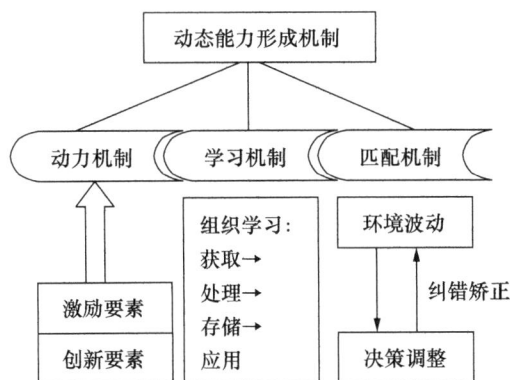

图 2 - 6　动态能力形成机制

（2）动态能力的结构

动态能力的结构是继动态能力概念后动态能力理论研究的重要问题，它关系到动态能力的科学测量与考评，也关系到动态能力的形成作用机理的揭示、演化机制的研究、培育与提升的路径等一系列理论内容的澄清以及整个理论体系的构建。Teece 等（1997）在提出动态能力概念之初，便给出了动态能力内涵结构的分析框架，即过程、位势和路径，这三个方面对应着企业协调、学习和重构三个能力，该分析框架树立了企业内部、外部以及内外互动三个层面的能力构架，对后续的动态能力结构研究影响较大。从文献梳理看，有关动态能力结构的分析研究几乎没有超出这三个层面，虽然有不少研究者从其他角度进行了描述，如环境洞察能力、价值链配置与整合能力、资源配置与整合能力（李兴旺，2006），机会感知能力、把握能力和重构能力（Teece，2007），吸收能力、转移能力、整合能力和重组能力（江积海，2007），环境洞察能力、变革更新能力、技术柔性能力和组织柔性、战略隔绝（魏江、焦豪，2008），市场导向的感知能力、组织学习的吸收能力、社会网络的关系能力和沟通协调的整合能力（罗珉、刘永俊，2009），搜寻能力、选择能力、组织资源重构与协调过程（Vergne 和 Durand，2011），组织意会能力、柔性决策能力、战略执行能力（李大元，2011），但更多的是对 Teece 等（1997）修补性的研究。

　　不同企业动态能力的结构是不同的，但这并不影响研究者或者企业管理者对动态能力结构的认识或研究，换句话说，企业动态能力的结构并不是也不应该是由一个较为具体的、具有普适意义的结构模式进行限定。对于企业管理者而言，能够保持企业持续竞争优势使企业可持续成长才是根本任务，如果从理论角度给企业管理者一个指导性的分析框架，供企业管理者实际操作借用，并且达到预期目标，那么这种理论分析框架就应该成为企业动态能力结构理论的核心，作为规律性的内容载入动态能力理论体系。

　　作为理论探讨，不应该限于统一思想、统一口径，应该本着解决问题的责任来进行理论研究，突出理论指导性、理论特色性和理论的适用性，同时也要关注动态能力理论的局限性与不足之处，既不能肆意放大动态能力理论的应用范围，也不应该陷入庸俗主义研究的窠臼。学界没有给出也不可能出现权威的界定，却给出了多种研究思路与范式供参考。因此，企业动态能力的结构究竟包括哪些维度，应根据具体的研究或者应用对象具体分析。

2.4.4　动态能力与竞争力、核心能力、企业可持续成长

（1）动态能力与竞争力

　　动态能力理论吸收和借鉴了企业竞争优势理论的思想和内容，企业竞争力作为企业竞争优势理论的核心内容，动态能力与竞争力有着显著的内在关联性。

　　从理论源起和理论基础看，企业竞争优势理论的分析框架建立在新古典经济学的理论分析基础上，动态能力理论的理论基础主要有组织理论、企业资源基础理论、演化经济学理论、企业知识理论，其中企业资源基础理论、演化经济学理论均是新古典经济学的重要分支，因此，动态能力理论与竞争优势理论在基本分析框架中存在内在相通性，动态能力与竞争力概念也具有内在一致性。

从动态能力与竞争力的形成与评价研究看，企业竞争力的构成具有多元性、复杂性，其来源主要由企业产品或服务层、企业制度层、企业竞争力的核心三个层面。竞争优势是竞争力的主要来源且这种相对于竞争对手的竞争优势恰恰是企业竞争力的源泉，是企业立于不败之地的根本保障，也是企业克敌制胜、突破企业生命周期"瓶颈"的法宝。企业竞争优势的来源又是源自企业资源的丰裕度与异质性、资源的获取与配置能力、组织学习能力等方面。而动态能力的来源主要是企业整合和配置企业内部和外部资源重构企业竞争力的能力、过程或惯例。这些能力、过程或惯例能够让企业在面对外部环境的变化时，迅速做出调整，以获取和保持竞争优势，实现企业的可持续成长。

从动态能力与竞争力的本质看，企业竞争力的本质是获取和配置稀缺资源的能力；动态能力的本质则是应对企业内部和外部变化的环境，即以动制动的企业管理方略。

（2）动态能力与核心能力

企业核心能力是竞争优势的重要来源，在复杂多变的外部发展环境中，动态能力是强化核心能力的重要手段，对于企业的升级起着至关重要的作用。宣烨等（2011）从企业动态能力的分析视角，他们将动态能力分为环境洞察力、学习吸收能力和组织创新能力三个维度，对我国加工配套企业升级模式进行了系统研究。企业动态能力理论与企业核心能力理论同是企业能力理论的重要分支，它们在基本概念界定、基本问题研究、基本研究方法等方面有着诸多相通之处。

从基本概念界定看，动态能力作为一种能使企业保持持续竞争优势的企业能力，已不再是一种单纯的企业能力，而是涵盖了企业整合和配置企业内部和外部资源重构企业竞争力的能力、过程或惯例；核心能力理论将企业作为能力的集合体，将核心能力界定为企业保持资源异质性、专有性、不可模仿性的能力。二者概念的界定都有能力这一基本分析单元的影子，因此，二者也有能力所特有的基本属性。

从研究的基本问题看，动态能力研究的基本问题是，动态环境下企业如何构建竞争优势并保持这种竞争优势以及企业绩效由什么决定；核心能力研究的基本问题是，企业竞争优势的来源是什么以及如何构建企业持续竞争优势。不难看出，二者的最终目标都是为了实现企业的可持续成长。

从研究的侧重点与方法看，动态能力理论研究侧重于动态环境下企业整合内外部资源以适应环境发展需要，以此维持企业持续竞争优势，研究方法以动态研究为主；核心能力理论研究侧重于整合和重构企业内部资源基础，以实现企业资源的异质性、专有性、不可模仿性，形成企业持续竞争优势，研究方法以静态研究为主。

（3）动态能力与企业可持续成长

动态能力理论虽说是企业能力的一个分支，却是支撑企业可持续成长的基础性理论。动态能力蕴含在企业适应环境变化的组织与管理过程中，通过组织创新能力、组织定位能力、组织资源能力、组织运营能力、组织市场能力、组织重构能力作用的发挥来实现组织管理、技术和产品、人力资源、营运资源、市场资源以及财务资源等方面有别于其他对手的竞争优势，集聚成为企业的可持续竞争优势，促进企业的可持续成长。见图 2-7。

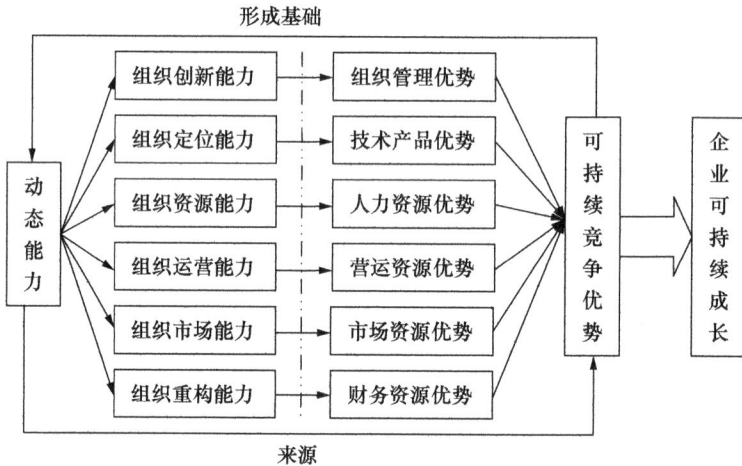

图 2-7   动态能力、可持续竞争优势与企业可持续成长之间的关系

动态能力观为企业可持续成长提供了一个全新的分析框架，适应了知识经济时代企业管理与企业成长的需要。张秀娥等（2012）就网络嵌入性、动态能力与中小企业成长的关联关系进行了研究，验证了网络嵌入性对中小企业成长的促进作用，动态能力对中小企业成长有显著的促进意义，并且还充当网络嵌入性作用于中小企业成长的中间变量。

从动态能力的基本结构看，首先，环境洞察力正向作用于企业可持续成长。知识经济时代，动态环境与超竞争环境交融，市场发展机会、战略进取机遇稍纵即逝。企业只有拥有较为敏锐的环境洞察力，才能获取较为全面真实的外部环境信息，为做出科学判断、决策提供支持。其次，企业组织学习能力是提升组织创新能力、组织定位能力、组织资源能力、组织运营能力、组织市场能力、组织重构能力的重要手段，形成组织管理、技术和产品、人力资源、营运资源、市场资源以及财务资源等方面的优势，也是使企业知识资源保持专有性、不可模仿性、异质性的关键。再次，企业资源重构能力有利于满足企业可持续成长对资源基础的要求，也是企业核心竞争优势的重要来源。最后，企业外部资源整合能力是企业资源重构能力的补充，有利于与竞争对手形成良好的竞合关系，实现资源共享，促进企业的可持续成长。

2.5　本章小结

本章对企业竞争力理论、企业核心能力理论、企业可持续成长理论以及动态能力理论的基本脉络进行了梳理，旨在为全书的理论研究与实证研究提供必要的理论支持和基本的分析框架。

企业竞争力本质是获得稀缺资源的能力，其来源主要由企业产品或服务层、企业制度层、企业竞争力的核心三个层面共同构成。竞争优势是竞争力的主要来源，并且这种相对于竞争对手的竞争优势恰恰是企业竞争力的源泉，是企业立于不败之地的根本保障，也是企业克敌制胜、突破企业生命周期"瓶颈"的法宝。企业竞争优势的来源又是源自企业资源的丰裕度与异质性、资源的获取与配置能力、组织学习能力等方面。学界在研究企业成长与发展过程中，将竞争力与竞争优势常常视为同义词。但竞争力与竞争优势在概念特点、比较对象、侧重点、来源以及维持五个方面均有显著差异。

企业核心能力理论将企业作为能力的集合体，将核心能力界定为企业保持资源异质性、专有性、不可模仿性的能力，并认为企业核心能力是企业持续竞争优势的来源，是企业可持续成长的内在动力。企业核心能力一经提出，在学界便引起轩然大波，研究者从各个角度对企业核心能力进行了广泛而深入的探讨，整理并阐述了整合协调观流派、知识载体观流派、技术能力观流派、企业资源观流派等几个较具影响力流派的企业核心能力观点，还对企业核心能力理论与知识经济理论、技术创新理论等理论间的关联关系进行了论述。

企业可持续成长是一种全新的企业成长理念，也是企业成长的一种特殊状态。从企业可持续成长理论研究脉络看，企业可持续成长的根源主要有外因论和内因论两个方面的论断。就外因论而言，代表性的研究有基于产业组织理论的企业可持续成长、基于竞争战略理论的企业可持续成长给出的观点；就内因论而言，代表性的研究主要有基于资源基础理论的企业可持续成长、基于企业能力理论的企业可持续成长、基于知识理论的企业可持续成长得出的结论。

重点对动态能力理论的基本内容进行了梳理评述。首先，动态能力作为一种能使企业保持持续竞争优势的企业能力，它已不再是一种单纯的企业能力，而是涵盖了企业整合和配置企业内部和外部资源重构企业竞争力的能力、过程或惯例，其基本特征有学习性、综合性、主动性和演化性四个方面。其次，动态能力的形成应该是由动力机制、学习机制和匹配机制构成的一个较为完成的过程，其结构并不是也不应该是由一个较为具体的、具有普适意义的结构模式进行限定。企业动态能力的结构究竟包括哪些维度应根据具体的研究或者应用对象具体分析。最后，对动态能力与竞争力、核心能力、企业可持续成长之间的关联关系进行了论述，强化对动态能力理论基本内容的理解和把握。

第3章

内蒙古自治区中小企业动态能力演化过程与影响因素

3.1　内蒙古自治区中小企业发展现状

3.1.1　内蒙古自治区中小企业发展概况

改革开放以来，内蒙古自治区经济社会获得了全面、快速发展，中小企业功不可没。内蒙古自治区中小企业作为国民经济的重要组成部分和社会发展的重要推动力量，在繁荣城乡经济、增加财政收入、吸纳就业、维护社会稳定等方面发挥着举足轻重的作用，对加快实现"和谐内蒙古"、"推进美丽内蒙古建设"做出了巨大贡献。在内蒙古自治区政府的大力扶持、社会民间的关注下，内蒙古自治区中小企业快速成长和发展壮大，涉及第一、第二、第三产业的各个细分行业，为内蒙古自治区工业体系的建立与完善奠定了坚实的基础。

从内蒙古自治区中小企业发展历程看，内蒙古自治区中小企业在近十年获得了长足发展，这不仅表现在中小企业的数量和规模以上企业有大幅增长，涌现出了一大批较为优秀的民族企业、私营企业，还表现在中小企业的外部发展环境也有了跨越性的改善，中小企业业已成为政策理论界关注的焦点，得到了政府的政策支持、理论界的科学指导以及社会的认可，中小企业正成为一支经济发展的"劲旅"，活跃在经济社会生活的方方面面，为内蒙古自治区经济的腾飞增添助力。未来时期，在中央、自治区各界的共同努力下，内蒙古自治区中小企业将面临更大的发展机遇与更严酷的挑战。概括说来，内蒙古自治区中小企业的基本发展情况可以归纳为以下几个方面：

（1）单位数量多，规模小

内蒙古自治区中小企业虽单位数量多，但规模普遍较小，已成为内蒙古自治区工业经济的重要支撑。对中小企业的界定和划分标准，我国自新中国成立以来先后经过了七次大的调整，首次从法律依据出发给出其定义的是 2003 年 1 月 1 日开始实施的《中华人民共和国中小企业促进法》，2011 年再次修订了《中小企业划分标准规定》，将过去的中小型企业细分为中型、小型和微型企业三种类型，其划分的依据是根据企业资产总额、从业人员、营业收入等指标的相关参考标准，同时结合各个行业的特点由相关单位来制定。

本书的中小企业与内蒙古自治区经济和信息化委员会界定的中小企业相同，其统计调研数据依据也是根据内蒙古自治区经济和信息化委员会划分的标准来执行。截至 2012 年 4 月，内蒙古自治区中小企业和个体工商户达到 103.29 万个，占全部企业总数的 98.4%，其中，中小企业达到 16.68 万个，个体工商户 86.61 万个，从事工业的个体工商户达到 3.96 万个①。2011 年 11 月，内蒙古自治区规模以上（规模以上工业是指年主营业务收入 500 万元以上的工业企业和全部个体经营工业单位）中小型工业企业户数仅为 4160 户②，占中小企业总数份额不到 3%，中小企业规模普遍偏小。

（2）地理空间、行业分布较广

从内蒙古自治区中小企业地理空间分布看，内蒙古自治区中小企业分布较为分散，遍布于全区 12 个盟市 101 个旗县区，如在赤峰市、乌海市、乌兰察布市、巴彦淖尔市、鄂尔多斯市、锡林郭勒盟、兴安盟、阿拉善盟等，产业集聚、产业集群主要集中在呼和浩特市、包头市、鄂尔多斯市城市圈、经济带等经济地理空间，业已初具规模。

从内蒙古自治区中小企业行业分布看，内蒙古自治区中小工业企业几乎覆盖了所有细分行业，分布较广，其发展有力地推动了人口、资金等要素的流动和集聚，促进了三次产业的大发展、加快推动了城镇化进程。2012 年 4 月，内蒙古自治区中小企业三次产业分布有了突破性发展，中小企业在三次产业中总数均有了大幅增长：第一产业中小企业达到 7560 个，第二产业中小企业达到 3.26 万个，第三产业中小企业达到 12.65 万个。中小企业有效满足了人们个性化的消费需求，提升了消费质量。

---

① 内蒙古自治区经济和信息化委员会中小企业局发展规划处．一季度中小企业发展情况通报［EB/OL］．http：//www.nmgjxw.gov.cn/cms/tjfx/20120608/7258.html.

② 内蒙古自治区经济和信息化委员会中小企业局发展规划处．1～11 月份全区规模以上中小型工业企业经济增长有所回落［EB/OL］．http：//www.nmgjxw.gov.cn/cms/tjfx/20120104/6579.html.

（3）以非公有制经济为主要形式

随着经济体制改革的不断深化，特别是国有企业改革的深化、现代企业制度的逐步确立，内蒙古自治区政府积极响应"国退民进"的方针方略，加快中小型企业改制进程，国有经济以不同的方式逐年退出，非公有制经济业已成为内蒙古自治区中小企业的主要形式。统计数据显示，截至 2011 年，内蒙古自治区中小企业非公有制经济占比已超过七成。

非公有制经济的日益壮大，对于内蒙古自治区经济转型、市场经济体制的确立意义重大。首先，中小企业自身具有"船小好调头"的优势，非公有制经济作为国民经济的重要组成部分，能从体制上盘活市场经济。其次，非公有制中小企业的阵营强大，能够在某种程度上建立较为公平、公正的市场竞争秩序，促进市场机制的良性运行，这对于边疆地区经济发展大有裨益。最后，非公有制中小企业经营方式灵活、技术创新积极性较高，有利于行业技术创新能力的提升、产业结构调整与优化。

（4）中小企业产业集群化初具规模

在西部大开发战略的全面实施以及主体功能区规划指导下，按照内蒙古自治区政府"培育一批、做强一批、壮大一批，梯次推进"的总体发展思路的指引，全区各级企业紧紧抓住围绕内蒙古自治区优势特色产业搞延伸、围绕重点项目搞协作、围绕重化工基地建设搞配套的"三个围绕"方略，积极推进"一个产业带动百户中小企业工程"。2011 年，内蒙古自治区共建构了 36 个特色产业集群，共涉及机械装备制造、电子信息、有色金属加工、PVC 生产、铝深加工等 12 个产业，并逐步形成了地区经济的优势产业，如通辽市玉米深加工、赤峰市有色金属加工、包头市机械装备制造业等产业集群已初具规模，呼和浩特市生物制药、巴彦淖尔市有色金属加工、乌兰察布市马铃薯和服装加工等已具有一定的集群化发展基础。其中，工业总产值达到 100 亿元以上的中小企业产业集群有 5 个，达到 50 亿~100 亿元的中小企业产业集群有 11 个。

内蒙古自治区中小企业产业集群的地理空间也相对集中。在内蒙古自治区各级政府的大力推动下，各个中心城市均以工业园区建设、创新科技园区建设、产业园区建设等建设为契机，以政策优惠、资源税费优惠、市场建设为亮点，加快推进中小企业集聚、产业集群发展。以呼和浩特市、包头市、鄂尔多斯市为首的经济圈，集聚了内蒙古自治区五成以上的中小企业，呼和浩特市、包头市、鄂尔多斯市三市经济总量、财税收入总量均占全区总量的五成以上，是内蒙古自治区最具活力、发展最成功的城市经济圈。

（5）外部发展环境日趋完善

自 2003 年《中华人民共和国中小企业促进法》实施以来，我国从中央到地方陆续出台了若干促进中小企业发展的指导性意见，为识别中小企业发展风险、解决中小企业发展问题、增强中小企业生存能力提供了强有力的制度保障，中小企业外部发展环境得到大幅改善。内蒙古自治区中小企业外部发展环境日趋完善，主要表现在以下几个方面：

一是政府为中小企业营造了良好的发展环境。政府通过完善中小企业政策法规体系，落实扶持中小企业发展的政策制度；通过完善政府采购制度，为中小企业创造更多的市场机会；通过强化中小企业权益保护，保护中小企业及职工的合法权益；通过构建和谐的劳资关系，提升中小企业人力资本的集聚度；通过加大财政税收优惠政策的支持，进一步减轻中小企业的经济社会负担。2012年，自治区财政共筹集中小企业发展专项资金3.6亿元；通过贴息和无偿资助的方式，资助项目近400项，拉动6.98万人就业，预计增加销售收入160多亿元，有力地促进了中小企业技术改造和经济结构调整。

二是融资环境进一步改善。中小企业融资渠道进一步拓宽，金融服务中的中小企业授信业务制度、创业投资和融资租赁政策等融资政策制度逐渐向中小企业倾斜；国有商业银行和股份制商业银行逐步提升了中小企业短、中、长期贷款的规模和比重；中小企业信用担保制度逐步放松，各级政府和企业已相继组建多层次的中小企业投融资担保基金和相应的担保机构。

三是技术创新环境得到优化。通过官产学研联合，加强中小企业技术创新机制建设，提升技术创新绩效；中小企业技术改造、升级转型过程中，得到中央和地方政府在技术创新方面的大力支持；通过支持中小企业科技研发等，大力发展生产性服务业，为中小企业的行业分布、产业升级提供了产业支持。

四是中小企业社会服务体系基本建立。中小企业服务网络和服务设施日趋完善，各级中小企业综合服务机构基本建立，并且各类中小企业综合服务机构的设立、发展以及财政补助等都有制度机制作为支撑。中小企业公共服务基础设施建设进一步加快，中小企业技术推广、产品研发等公共服务平台业已建立。

3.1.2　内蒙古自治区中小企业发展面临的主要困境

内蒙古自治区中小企业在获得了一段黄金发展时期后，其增速明显放缓，发展后劲也让人堪忧。2011年，规模以上中小企业增速已经开始回落，主要体现在规模以上中小企业增加值、对全区工业增长的贡献率、拉动全区利润增长上有明显的回落迹象，并且这种回落还保持一种缓慢持续的态势。中小企业中煤炭开采和洗选业、农副食品加工业、化学原料及化学品制造业、黑色金属冶炼及压延加工业，有色金属冶炼及压延加工业，电力、热力的生产和供应业增加值占全部中小企业增加值的比重为60.7%，对中小企业增长的贡献率达到64.2%，拉动全区工业增长 9.7 个百分点，传统优势产业仍然是中小企业发展的主要推动力。从内蒙古自治区中小企业面临的机遇与挑战看，内蒙古自治区中小企业机遇与挑战并存、优势与劣势同在。

（1）内蒙古自治区中小企业面临的发展机遇

内蒙古自治区中小企业面临的发展机遇主要有以下几方面：

第一，各级政府优化中小企业外部发展环境的决心和信心日益高涨，支持中小企业发展的政策制度体系日趋完善。企业作为国民经济发展的命脉，对一国或地区经济社会的发展至关重要，因此，各国政府都将促进企业发展作为宏观经济调控的落脚点，以此提升国家综合竞争力。我国政府对中小企业地位与意义的认识虽然较西方国家晚，但是在支持力度上却要高于西方国家。内蒙古自治区各级政府在中央的正确领导下，贯彻实施并配套实施了一系列有利于中小企业成长发展的政策制度和措施，并且构建了一系列有利于中小企业可持续发展的长效工作机制。

第二，高科技技术的日新月异，为中小企业的快速成长提供了支持，各类信息资源的搜集、获取、共享将变得更为便捷，不仅为中小企业信息化管理提供了平台，还为中小企业节省了经营管理成本。知识经济时代，知识信息资源的更新速度越来越快，这将为企业成长提供更为廉价的知识资源和信息资源。

第三，社会化服务体系更加完善，为中小企业合法权益的维护、合作关系的构建、资源共享平台等大开方便之门，使中小企业获得更多的社会资源、信息资源、知识资源、技术资源等企业资源。

第四，市场机制高效运转，企业的外部竞争环境将变得更为公平，各个竞争对手之间合作共赢的局面将进一步形成。中小企业间不再是过去那种你死我活的恶性竞争，而转向你好我好大家好的和谐共荣的新型企业关系，共同为社会创造财富和价值。

（2）内蒙古自治区中小企业面临的主要困境

从中小企业发展的内部状况和外部环境看，内蒙古自治区中小企业面临的主要困境或挑战有以下几个方面：

就中小企业内部状况而言，内蒙古自治区中小企业发展面临的主要问题有：第一，内蒙古自治区中小企业素质普遍偏低。内蒙古自治区作为少数民族边疆地区，人均受教育程度较低，这是中小企业发展的外部人力资源背景，也是基本的区情。内蒙古自治区中小企业人力资源质量不高，中专以上学历者所占比例不足三成，一些劳动密集型中小企业则更低，极大地制约了中小企业综合管理水平、经营水平。在高校扩招的大背景下，一些企业竟然没有专业技术职称的技术人员、大学学历的管理人员，这与企业雇主的经营方略有关，与中小企业文化有关，这既是高等教育的资源浪费，也不能实现企业资源的优化配置。

第二，内蒙古自治区中小企业结构雷同，发展盲目。从内蒙古自治区中小企业行业分布和地理分布看，虽然中小企业遍布各个细分行业、地理分布也较为分散，但是各个地区中小企业结构雷同现象较为严重，发展也存在一定的盲目性。这与内蒙古自治区政府推行的"培育一批、做强一批、壮大一批，梯次推进"，抓住围绕自治区优势特色产业搞延伸、围绕重点项目搞协作、围绕重化工基地建设搞配套的"三个围绕"方略，积极推进"一个产业带动百户中小企业工程"的战略方针相关。各级政府不少为政绩工程，忽视地方资源的异质性和局限性，盲目推行工业园区建设、创新科技园区建设、产业园区建设等建设，并且这种建设具有较强的相似性，表现在边缘城市复制中心城市的园区建设思路和模式，结果致使大量园区低质量、重复建设，不仅没有起到推进中小企业产业集聚的作用，反而挫伤了中小企业发展的积极，甚至造成中小企业陷入经营危机、濒临破产。

第三，中小企业家注重短期效应，忽视企业可持续成长。内蒙古自治区中小企业平均生命周期不足两年，这与中小企业经营者的战略构想、主导的价值观有直接的相关性。研究证明，中小企业家精神是影响企业绩效的重要原因。Hamel & Prahalad（1994）指出，企业的战略愿景首先必须大于其资源基础，并以此产生张力与压力，也只有这样企业才有发展进步的动力。其次需要企业家拥有战略意识、创业精神、员工具有创新意识。再次还需要企业组织的革新与学习机制。最后还需要中小企业家有与时俱进的创新意识和捕捉机会的能力（蔡树堂，2011）。内蒙古自治区中小企业家战略管理绩效较低，这不仅与企业家的价值短视有关，也与企业团队意识、发展愿景缺失密切相关。

就中小企业外部环境而言，内蒙古自治区中小企业发展面临的主要问题有：第一，融资歧视并未从根本上消除，有效融资渠道狭窄。融资难一直是中小企业发展的"瓶颈"问题，融资不畅造成企业资金链中断，阻碍中小企业的成长壮大。尽管中央和地方两级政府都为中小企业投融资问题而奔走，但是融资机构面对中小企业的信用状况、担保抵押物等风险，变相设置歧视性的投融资门槛，限制中小企业的投融资，致使中小企业有效融资渠道仍处于相对狭窄的境地。

第二，政府扶持中小企业政策法规口号居多，发展环境需进一步优化。虽然内蒙古自治区中小企业外部发展环境日趋优化，但是面对日益复杂多变的超竞争环境，政府的各项扶持政策法规对中小企业可持续成长也扮演着越来越重要的角色。政府政策是否真正贯彻，直接影响到中小企业的经营行为、战略管理，也事关政府与中小企业间的和谐关系。动态能力观下，政府必须解放思想，转变服务理念，时刻洞察中小企业发展的外部环境，切实制定有利于中小企业可持续成长的政策制度，并尽力付诸实施，确保中小企业外部发展环境的优化。

第三，中小企业社会化服务体系不健全，社会化服务功能需进一步加强。研究表明，社会化服务体系的完善对企业可持续成长有显著的正向影响。美国等发达国家的企业社会化服务体系较为完善，在很大程度上维护了企业的合法权益，尤其是在解决国际贸易争端过程中，这种社会化服务体系的作用表现得更为突出。近年来，内蒙古自治区各级政府虽积极组建中小企业社会化服务机构，但是由于财政资金不足、管理人员素质偏低、机构性质定位不准等原因，使得社会化服务体系流于形式，并未形成有效的社会化服务能力。

第四，信息化建设滞后，整体发展水平处于初级阶段。信息化时代，信息资源对企业可持续成长意义重大。中小企业如何在短时间内，搜集、捕捉、获取有价值的信息资源，直接影响企业核心能力的提升以及可持续竞争优势的维持，进而影响企业的可持续成长。内蒙古自治区由于地理位置、政治历史等原因导致信息化建设相对全国其他省市而言较为滞后，并且信息化整体发展水平仍处于较低阶段，无法为中小企业发展提供良好的信息化平台支撑。

3.2　内蒙古自治区中小企业动态能力演化的特征

3.2.1　动态能力演化与演化过程

演化是企业成长理论中的一个较为重要的概念，与之对应的是演化过程。在企业内在成长论中，企业如何成长等同于能力、资源等不断发展的演化过程。关于演化一词，最早源起于拉丁文，既可以翻译为进化，也可以将之翻译为演化。达尔文生物进化论中，将演化与变异对应，没有变异就没有演化，也就没有演化过程，遗传将无从谈起。达尔文进化学说是演化经济学创立的基础，为演化理论提供了基本的分析框架。1898 年，凡伯伦就提出了经济学应该是一门进化的科学的论断，新古典经济学家马歇尔对之进行了进一步的论证，认为有必要建立经济生物学，从而将演化的思想迁移到了经济学领域。但是这一思想并未迅速得到主流经济学的认可，而是在很长一段时期后才被继续发展。20 世纪 50 年代，尼尔森和温特创立了经济变迁的演化理论，但是其发展相对于经济增长理论等主流经济学理论而言较为迟缓。尼尔森和温特的经济演化同达尔文的生物进化有相通之处，经济演化同样是两种机制驱动，即创新驱动和选择驱动，创新驱动诱发惯例发生变化，选择则对惯例的变化做出筛选，见图3-1。与生物进化的最大差别在于，经济演化往往具有主观性，研究的是系统有意识的行为过程。

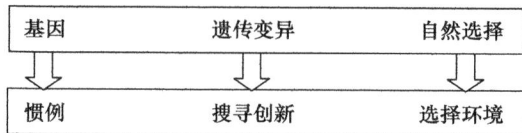

基因	遗传变异	自然选择
惯例	搜寻创新	选择环境

图3-1　生物进化论与演化经济学

20世纪80年代，演化经济学逐渐成为经济学、管理学关注的热点，演化经济学的应用领域也日趋广泛，如演化证券学、演化公共财政学等。一般演化思想认为，演化的本质在于创新。演化研究的往往是一个随时间动态变化的系统，演化过程就是指这一系统动态变化的路径，也即从某一时期的状态向另一时期的状态跃迁的规律：为什么会跃迁、跃迁的条件是什么以及跃迁的路径是什么样的。

演化与演化过程理论的主要观点有：一是该理论用动态分析方法来研究系统的发展过程，看待系统的变迁，尤其是技术变迁；二是该理论强调惯例、创新在演化中的作用，惯例是基础与起点，创新是核心和动力；三是研究过程中，注重时间、历史等在系统演进中的作用与地位，强调演化是一个不可逆转的过程，也是一个持续发展的过程；四是研究系统的演化过程，其关键环节是要找出系统演化的路径，因为，演化具有路径依赖性，制度变迁在演化中同样遵循路径依赖的规律；五是系统演化跃迁具有偶然性和不确定因素，但这并不意味着系统演化没有路径依赖性，相反演化过程是系统发展的必然过程。

3.2.2　内蒙古自治区中小企业动态能力演化的内涵与基本特征

（1）内蒙古自治区中小企业动态能力演化的内涵

从动态能力理论发展的源起看，动态能力理论建立的基础理论之一便是演化经济学有关企业组织演化思想。从既有文献看，有关动态能力演化的研究并不多见，各种动态能力演化的思想以及不成熟的研究散见于以下各类文献中：Eisenhardt和Martin（2000）从过程模型阐述了动态能力的形成与演进；Zollo和Winter（2002）从组织学习模型论证了学习机制与企业能力演进的关系；Helfat等（2007）从资源重构角度阐述了动态能力的演化；卢启程（2009）从知识管理视角对企业动态能力演进路劲进行了研究；王国顺和杨昆（2010）构建了知识演进与动态能力的分析框架；曹红军和王以华（2011）构建了环境、信息与动态能力整合的分析框架，实证检验了环境—信息—学习—能力的演化路径。这些研究对动态能力演进理论的发展提供了可供借鉴性的视角与分析框架，但是动态能力演化的内涵与特征、演化的影响因素、演化过程依赖的路径等一系列基本问题和核心问题的澄清仍需大量的定性与定量研究。本章对中小企业动态能力演化的研究正是在借鉴已有研究的基础上，结合内蒙古自治区中小企业动态能力形成机理以及影响因素，做进一步探索论证的。笔者认为，中小企业动态能力演化是动态能力动力机制、学习机制和匹配机制交替运转的一个连续过程，这个过程与企业持续竞争优势的形成、企业的成长过程密切相关，并具有内在一致性。

（2）内蒙古自治区中小企业动态能力演化的主要特征

从中小企业动态能力演化的内涵看，内蒙古自治区中小企业动态能力演化的主要特征有以下三个方面：

第一，内蒙古自治区中小企业动态能力演化是一个动态不可逆的过程。诚如演化是一个不可逆的过程，中小企业动态能力演化是一个没有终点的事件，也是一个动态不可逆的过程。首先，中小企业动态能力演化是企业资源不断积累、能力不断形成、机制不断完善的过程，这个过程是一个动态变化的状态。其次，中小企业动态能力的演化发展的轨迹具有不可复制性的特征，也即一定时期内企业动态能力演化发展的轨迹具有特定性，其他任何一时期企业动态能力的演化发展均不可能达到这一时期的状态。最后，中小企业动态能力的演化方向具有不可逆性。中小企业动态能力的形成与外部环境变化密切相关，企业外部环境的变化具有不可逆性，因此动态能力的形成与演进同样具有不可逆性。

第二，内蒙古自治区中小企业动态能力演化是动力机制、学习机制和匹配机制交替运转的一个连续过程。中小企业动态能力的演化机制是动力机制、学习机制和匹配机制三部分构成，但是这三部分并非相互独立的过程。如果将中小企业动态能力形成过程视为一个系统，那么动力机制、学习机制和匹配机制则是构成这个系统的三个子系统，各个子系统之间相互联系、相互影响。从中小企业动态能力演化看，三个子系统之间是平行作用的连续的过程，也即动态能力的形成与演化具有交叉重合性。在某一特定时期内，动态能力的形成过程也是演化的过程，并且动态能力的形成与演化的这种交叉重合性还是一个连续不间断的过程，这也很好地吻合了演化的动态不可逆性。

第三，内蒙古自治区中小企业动态能力演化过程与企业持续竞争优势的形成、企业的成长过程有内在一致性。如第二点所言，内蒙古自治区中小企业动态能力形成过程与演化过程具有交叉重合性，而动态能力的演化过程也是企业集聚竞争优势的过程。根据企业成长理论可知，企业竞争优势的积累也是企业可持续竞争优势的来源，最终体现为企业的可持续成长。因此，内蒙古自治区中小企业动态能力演化过程的本质也是企业竞争优势形成的过程，与企业成长过程也具有显著的交叉性，三者之间具有内在一致性。显然，内蒙古自治区中小企业动态能力演化过程依赖的路径与动态能力形成的过程密切相关，研究动态能力演化实际上也是动态能力观下促进企业可持续成长的又一新的研究视角。

3.3　内蒙古自治区中小企业动态能力演化过程

研究中小企业动态能力演化过程，首先要明确动态能力为什么会演化，即动态能力演化的动机是什么，其次要廓清中小企业动态能力演化的方向，最后要厘清动态能力演化依赖的路径。根据内蒙古自治区中小动态能力演化的特点以及中小企业动态能力演化过程的特征，中小企业动态能力演化过程是以企业持续竞争优势集聚为目标，以动态能力机制为支撑，战略分析、战略定位、战略实施以及战略评价与调整为主要路径的作用过程。据此，给出内蒙古自治区中小企业动态能力演化模型，见图3－2。

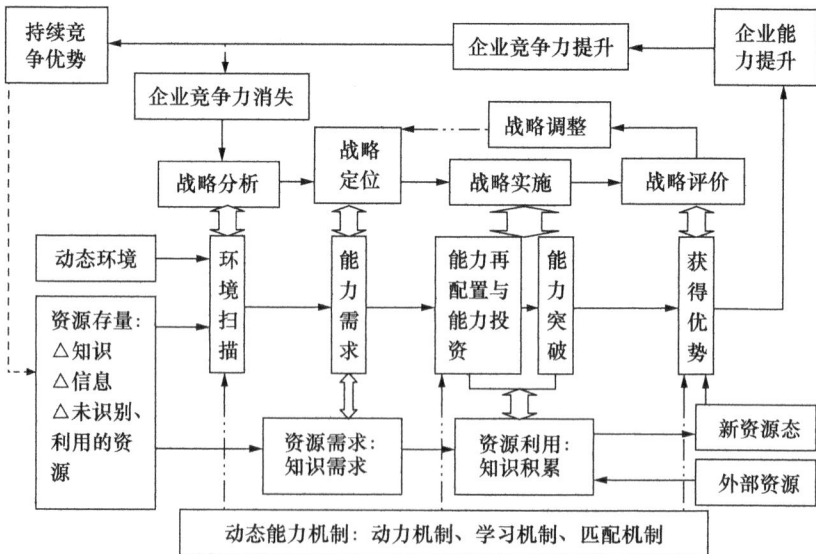

图3－2　内蒙古自治区中小企业动态能力演化过程模型

3.3.1　内蒙古自治区中小企业战略分析：环境扫描过程

内蒙古自治区中小企业战略分析的主要内容是企业环境扫描过程，还包括对企业竞争力消失的动态分析。如果将动态能力演化视为一个闭合回路，那么这一过程是动态能力演化的起始过程。动态能力战略分析需要解决两个方面的问题：动态能力演化的动力机制是什么、环境扫描的结果是什么。

（1）内蒙古自治区中小动态能力演化的动力机制

动态能力战略分析是对"企业动态能力为什么会演化"的解答而做出的反应，实际是要揭示动态能力演化的动力机制。从图 3 - 2 可以看出，动态能力演化的压力来自企业内部和外部两个方面，这也是环境扫描的主要内容和任务。

就企业内部压力而言，随着企业的成长，企业资源存量中知识、信息以及未被识别、利用的资源一部分将成为企业继续成长发展的资源，一部分则会成为阻碍企业成长的障碍，这时，企业内部资源存量的再识别、重构和配置将频繁发生，这种现象是企业内力引发产生的，也是企业动态能力形成与演化动力机制的结果。

就企业外部压力而言，外部环境动态变化，如顾客价值变化、产品技术创新、产业结构调整、竞争对手战略调整、政府财税政策变化、突发事件等，都将迫使企业做出反应，以适应环境的动态变化，这种战略性调整是由外部力量诱发产生的，同样形成企业动态能力演化的动力。

根据企业内部和外部环境变化，企业必须做出快速动态调整，以战略眼光主动对企业发展进行综合分析，并且再次对企业内外部环境进行仔细扫描，着重对企业竞争力消失的部分进行全面诊断，并得出详实的诊断结果，供企业战略定位参考。

（2）环境扫描的结果分析

环境扫描是系统检查企业内外部环境状况获取战略信息资源的一个有效手段，也是企业洞察力形成的基础。环境扫描的结果将为企业提供新的发展机会。对扫描结果的科学分析犹如传统的 SWOT 分析，通常可以根据外部条件找出企业面临的发展机会和潜在的威胁，也能从内部找出企业的优势和劣势，当然，这种分析方法已然不能适应瞬息万变的环境，但是作为一种战略分析方法，还是有其分析结果的作用。

环境扫描对于企业内部环境的变化往往比较容易把握，经常性地扫描犹如在企业内部构建了一个即时预警系统，能够及时发现企业内部存在或将要出现的问题。但是对于企业外部环境变化而言，环境扫描则显得有一定局限性。这是因为外部环境的动态变化对于企业而言具有不可控性、不确定性，这种动态变化的外部环境是决定企业竞争优势形成的关键因素之一。正因为如此，企业更应该加强信息化建设，强化外部环境变化的信息资源搜集、获取和整合。

环境扫描的结果是企业动态能力战略分析的基础，其基本任务是通过对企业内外部环境的了解与掌握，在此基础上通过一定技术手段对企业内外部环境变化进行一定预测，确定企业发展的机会与企业的相对地位，为企业战略定位提供依据。

3.3.2   内蒙古自治区中小企业战略定位：能力需求判别过程

通过环境扫描后能对企业内外部环境有系统全面的掌握，并对环境变化有一定的预测，这样企业就能识别威胁和机会，进行较为准确的战略定位，为企业集聚新的竞争优势奠定基础。企业战略定位主要是指企业对其未来发展方向、发展目标等一系列关系企业性质、成长的战略规划，在动态竞争环境下，企业战略目标定位是一个不断演化发展的过程，也是企业不断选择和成长为新的企业的过程，如果将企业的演化过程与企业战略定位的演化等同起来，并且在时间上划分为若干周期，分别用T1、T2、T3、Tn表示，那么用图3-3就能较为清楚地描述企业战略定位在企业状态、市场环境变化中的演化过程。显然，企业所处的状态与市场环境决定了企业战略定位选择，当企业所处的状态与市场环境发生变化时，企业战略地位选择也将随着发生相应改变，如此往复下去，企业战略定位选择也将不断进行调整和发生变化。

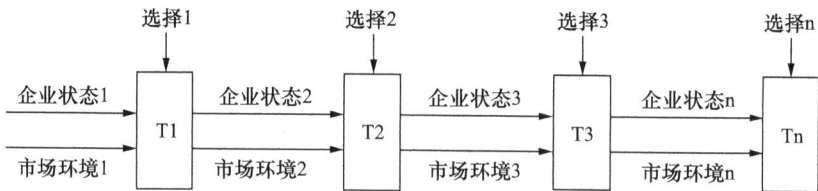

图3-3   内蒙古自治区中小企业战略定位演化过程

企业战略定位的实质是动态能力战略定位，也必须依靠动态能力的演化才能实现企业战略定位的转换。中小企业战略定位也是能力需求判别过程，对企业资源也提出了新的需求。企业能力与资源储备在企业战略定位实施前都将有一定既定的存量，并且企业能力、资源基本都有指定的功能与用途，这些能力与资源也都有既定的演化方向、路径。企业动态能力战略定位过程中，需要对企业能力与资源演化状况进行定位，并且根据战略缺口定制能力资源需求量表。

战略缺口是指企业所处的企业状态与企业战略定位之间差距，是推动企业战略发展的重要动力。战略缺口分析是动态能力战略定位关键的一环，其主要任务是对既有资源与战略目标所需资源之间的差距进行的系统分析。企业的战略意图一旦确定,企业的动态能力作为能动性最强的企业能力率先进行战略定位,企业在既有资源状况与企业形成的战略意图中找出企业必须具备的知识资源,也即形成资源缺口。见图 3 - 4。

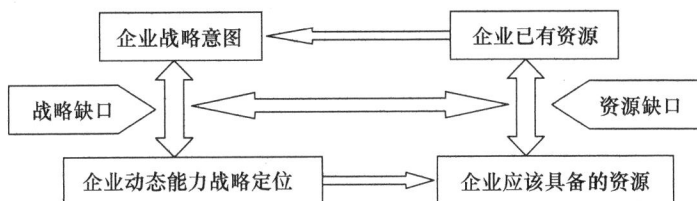

图 3 - 4　内蒙古自治区中小企业动态能力战略定位与战略缺口、资源缺口

前文已阐述了企业动态能力与知识的关系,动态能力具有知识性,企业动态能力需求的本质可以表现为对知识的需求。知识资源事实上是一个静态与动态相融合而生的特殊资源形态,知是静态的知识、技术、信息等实物形态,也是存量资源,而识则是知识的动态性、周期性与过程性的再现,是各类企业能力的灵魂所在,这里体现着洞察力、认知力、判断力、战略力等具有主观能动性的能力。从知识的积累形成再到企业动态能力的形成演进,这一过程有着惊人的一致性,而打通这两个看似并不相关的系统形成演化过程的机制便是学习机制。企业动态能力的知识属性暗含动态能力的形成与演化过程实际是一个组织学习的过程,学习机制是推动企业动态能力发展演化的关键,这也再次印证了动态能力形成与演化的同步不可分性,也验证了学习机制在企业动态能力形成与演化中的核心作用。

一个挥之不去的观点是,组织学习是企业内部的积累性过程。其实不然,组织学习不仅决定了企业内部的知识积累,还在很大程度上决定了企业的竞争优势。组织学习通过企业内部知识结构重构、再造实现知识的积累,这种知识增量也是企业动态能力提升的体现,通过对内外部环境的响应实现企业能力的提升,二者共同构成企业竞争优势状况。见图 3 - 5。

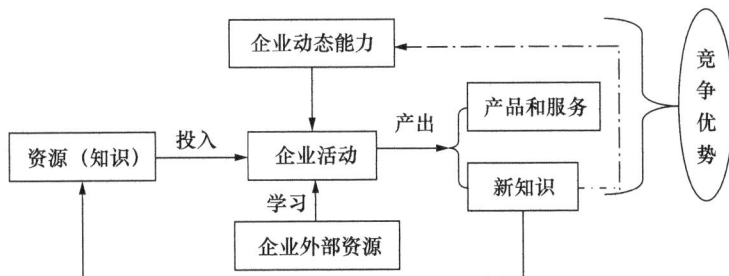

图 3 - 5　基于知识与学习的内蒙古自治区中小企业动态能力演化

企业动态能力形成的基础之一是知识，动态能力参与企业活动是通过学习实现知识的转化，也即动态能力的形成与积累存在一个内在的自组织放大的机制。在此，需要说明的是，动态能力自组织放大机制的运转仍然是由组织学习过程来完成实现的。企业动态能力战略定位也是基于既有动态能力与企业战略发展所要求的动态能力战略之间的战略缺口作为内在动力和依据的，这种缺口以知识观表示，便是企业知识能力需求的状况。动态能力的提升过程也是知识动态积累过程，动态能力的能力需求也可以转换为知识存量的提升。企业动态能力同企业活动绩效产出一同构成企业竞争优势，这种竞争优势正是对应于企业的战略缺口，并且此刻的动态能力也不再是原有的动态能力水平，而是添加了新知识的动态能力，也即动态能力已经经历了一个战略缺口的演化，形成了新的动态能力。

3.3.3　内蒙古自治区中小企业战略实施：能力投资过程

中小企业战略实施是继战略分析后、实现战略定位的关键环节，也是动态能力形成与演化过程的关键。企业在面对环境的动态变化过程中，企业内部部分知识、能力、信息等资源将会随着企业的成长、时间的持续而失去原有的作用，甚至完全丧失积极意义，而成为阻碍企业成长的累赘。企业动态能力的演化不仅是内在过程，而且也是通过信息扫描寻找更好的知识信息资源的过程。动态能力演化还是企业试错过程的核心内容，是企业内部资源与外部环境对接的动态耦合过程。中小企业战略实施的目的是实现能力突破、形成新的动态能力，是企业学习机制的成果再现，也是动态能力匹配机制的核心内容之一。中小企业战略实施的关键是对能力进行投资，这也是能力形成能力的起点工作，能力再配置也是战略实施的重要环节。企业动态能力投资主要从两个方面进行，即人力资本投资和物质资本投资。

（1）人力资本投资

中小企业人力资本水平的高低直接影响企业能力大小，取决于全体员工的人力资本存量状况，而全体员工人力资本存量的变化与人力资本投资密切相关。就人力资本投资而言，应该着力于增加企业全员的人力资本投资强度，以及关注企业人力资本结构与物质资本结构的耦合度。根据著名经济学家西奥多·W. 舒尔茨人力资本投资观点，人力资本投资共有五种手段，即健康投资、正规教育投资、非正规教育投资、信息投资、迁移投资，其中以教育投资与非正规教育投资为最具影响力。阿罗将非正规教育与企业"干中学"等同起来，认为企业人力资本投资的有效路径便是"干中学"这种继续再教育模式。在特定时期内，中小企业员工健康状况、受教育程度、就业迁移、信息资源状况都将保持不变或维持相对稳定的状态，只有"干中学"机制对员工人力资本水平有显著的促进作用。因此，加强企业人力资本投资应该强化企业"干中学"机制的运行，着力优化企业的学习环境、厘清学习的作用、激励学习的效果，建立有利于"干中学"机制稳定良好运作的制度保障体系。

（2）物质资本投资

物质资本投资涉及的内容有企业信息化建设、基础设施建设、产品技术创新投入、知识投资等物质资源投资与建设，是企业动态能力形成与演化的物质基础。从动态能力战略实施看，物质资本投资要注意以下三个方面：

第一，物质资本投资应有优先序。中小企业资源控制能力相对有限，资本作为稀缺的资源，对于企业而言尤为宝贵，如何将有限的物质资源用于企业能力的提升、竞争优势的形成是学界一直研究的热点。中小企业物质资本投资不应投资于企业的方方面面。物质资本投资应该有战略性，投资的对象应该是经过分析，对企业成长发展至关重要的项目，也即在实施物质资本投资前，应该将企业所有应该投的项目按照对企业战略的影响大小逐一排列出来，据此形成物质资本投资的优先序，增强物质资本投资对企业绩效的贡献度。

第二，物质资本投资应保持强度适中。确定投资的优先序后，还要把握物质资本的投资强度。这里存在一个误区，即并不是优先的投资项目就意味着投资强度最大。项目投资优先序强调的是该投资项目对企业战略、企业成长发展的重要性程度，项目投资强度适中强调的是该投资项目理应的投资份额对于项目成功建成的意义大小。因此，排在较为靠前的投资项目优先对其进行投资，但投资强度应该根据项目实际所需资本量来确定，依次类推，直到优先序中前面的项目都落实完且资本量安排基本到位的情况为止。见图 3-6。

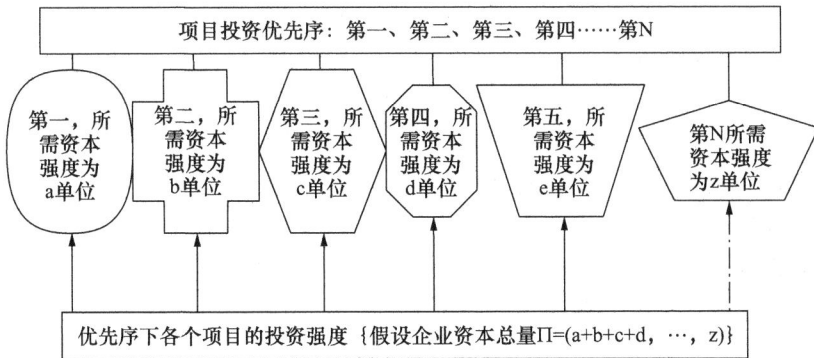

图 3-6　物质资本投资优先序与强度

第三，物质资本投资应与人力资本投资保持适当比例。物质资本与人力资本投资共同支撑着企业成长。从结构化视角看，物质资本结构与人力资本结构只有保持适当比例，其耦合效率才能达到最优，企业资本投资绩效也能达到最佳状态。如何实现这一最佳状态一直是困扰学界研究的瓶颈问题。事实上，物质资本结构与人力资本结构的匹配是一个动态变化的过程，但是物质资本结构在某一时期内却是不能改变的、相对稳定的，人力资本结构的动态变化却是动态变化的，这就存在一个结构匹配的悖论：静态的与动态的两个事物要实现动态化的匹配，还要实现最优状态。显然，这无论是理论假设还是现实中都是无法实现的一种状态。那么，企业究竟该如何做才能尽可能提升物质资本结构与人力资本结构的耦合效率呢？笔者认为，只能是在某一特定时期内以物质资本结构为基础，动态改变人力资本结构，使二者结构匹配达到相对优化的状态。

（3）能力再配置

能力再配置是企业能力调整的核心内容，也是企业动态能力形成演化的重要子过程。能力再配置有两个层面的含义，第一个层面是企业对已有能力进行的再配置，第二个层面是企业对所有能力进行的再配置，第二个层面的能力再配置对企业动态能力的形成演化至关重要，也是企业能力形成与演化的关键，直接关系到企业持续竞争优势的形成。

企业已有能力的再配置涉及的内容主要是对企业核心能力的再配置。企业核心能力主要包括内部特有的资源和能力，这种资源与能力具有异质性、专有性、不可模仿性。企业核心能力理论认为，核心能力是企业持续竞争优势的源泉，是企业实现可持续成长的动力。对企业核心能力的再配置显得尤为必要，这是因为随着企业的成长以及外部环境的变化，企业核心能力将有一部分能力因为竞争对手的模仿学习、创新或者企业发展进入新的阶段，而逐渐失去异质性、专有性的特质，换言之，企业核心能力会随时间的推移而退化降低。实践证明，企业核心能力再配置最有效的方式是组织学习，实现支持机制是动态能力学习机制。从核心能力演化角度看，企业学习机制在核心能力演化过程中的作用有四个，据此将核心能力演化分为四个阶段：第一个阶段为变异阶段，企业核心能力在企业内外部环境变化下发生变异，学习机制扮演的角色是识别这种变异，并将其基本信息传递到企业战略定位中；第二个阶段是选择阶段，企业决策者根据战略目标与企业核心能力变异特点实施战略意图，学习机制的角色是找准战略缺口，为战略实施阶段提供依据；第三个阶段是整合阶段，企业对发生变异的核心能力进行重新整合再造，学习机制是支持核心能力整合再造的保障；第四个阶段是维持阶段，企业维持新的核心能力直到下一轮企业核心能力的变异发生，学习机制通过知识积累、知识表达、知识编码等途径强化企业资源与能力的专有性、异质性，据此在一段时期内维持核心能力在一定的水平上。

企业能力的再配置关系企业战略实施的成败，势必要使企业能力达到一种相对平衡的状态，为企业集聚竞争优势提供保障。从系统论视角看，企业能力系统内部各个子系统之间相互联系、相互影响，共同作用形成一个相对均衡的状态。一旦其中一部分子系统能值发生变化，势必影响到企业能力系统发生波动。企业内部核心能力的衰退以及对能力的投资带来的动态能力的提升都将显著改变企业原有能力系统能值，打破原有的能力平衡，对企业战略实施造成一定的影响，这种影响具有不可控性和不确定性。企业能力的再配置的任务是在企业内部和外部寻求一种能力平衡，使得各个能力对应各个具体的企业战略，对战略形成全方位的支撑作用，确保整个战略的顺利实施，最终实现战略目标。倘若企业只是关注能力的提升与突破，忽视能力的平衡，最终整个能力系统也将发生变异，直接削弱企业战略实施的效果，结果必然会导致失败。有关这样的案例已是不胜枚举，如安然公司失败的案例，印证了创新力与控制力失衡的悲剧。

需要指出的是，企业能力的再配置寻求的平衡状态只是一种暂时的行为，并不是常态性的。在企业能力平衡时，可以借鉴"木桶定律"来对企业能力体系进行投资、培育与配置。企业各个能力功能不同，并且演化的速度、路径也有差异，着重要关注企业最强的能力与最弱的能力，努力补齐能力"短板"，绝不能因为最弱的能力"短板"影响到整个企业能力系统，造成企业发展陷入困境。

3.3.4　内蒙古自治区中小企业战略评价与调整：竞争优势的形成

从整个演化过程看，中小企业战略评价与调整是动态能力演化过程的最后一个环节，也是动态能力形成中的匹配机制的核心内容，动态能力演化的结果表现为企业竞争优势的形成，企业继续保持可持续成长。

企业实际可以视为一个处于均衡状态的"力场"，这些力场可以按作用特点划分三类：第一类是驱动力，如企业面对的竞争压力、优惠政策制度诱导力、顾客价值变化、产品技术创新等；第二类是中性的平衡力，如环境变化，这种变化既可以对企业产生驱动力，也可能对企业发展产生阻力，还可能对企业成长不产生作用；第三类是抵制性力量，如企业的惯例。因此，从理论上讲，当第一类与第三类力量达到均衡状态，企业就维持相对稳定的状态。但是，现实生活中企业不可能处于这种稳定的状态，企业是一个不断与外部环境发生物质交换的系统，时刻都在发生着演化，动态能力作为企业能力体系中的特殊能力同样会发生与之类似、与之同步的演化。企业要生存和发展，必然会主动选择应对动态变化的内外部环境，积极寻求一种能力系统的平衡状态。

环境的变化和不确定性迫使企业确定性的能力发生变化，这种变化源于企业生产和发展，也源于企业战略设计。企业处在一个动态的变化着的环境中，一旦原有的资源与能力无法适应变化，企业核心能力将迅速衰退甚至消失，竞争优势也将随之衰退消失，动态能力战略评价与调整的任务就是针对这种情况而存在的。当企业竞争优势发生变化时，企业必须重新回到战略分析的起点，重新审视战略体系，并且通过资源整合和能力选择、能力投资、能力提升，给出科学合理的战略定位。

显然，内蒙古自治区中小企业只有不断对战略实施过程与结果进行评价、诊断，结合市场环境的变化，来动态判断企业各种能力的投资是否有效，综合评价、诊断和判断的结果对动态能力战略作出相应的调整，使得动态能力的演化更符合企业的演化。内蒙古自治区中小企业动态能力战略评价与调整的根本目的就在于保证动态能力演化的正有效性，也是促进动态能力形成的一个必要过程。从动态能力形成的匹配机制看，这也是企业匹配内部与外部资源和能力的一个动态调整过程，极大地提升企业的洞察力和机动性，更能促进企业能力的全面提升，使企业保持持续竞争优势。

3.4　内蒙古自治区中小企业动态能力演化的影响因素

3.4.1　中小企业动态能力演化的主要影响因素

有关中小企业动态能力演化的影响因素研究较为凌乱，结论也是大同小异，大部分学者倾向于将组织学习和创新视为中小企业动态能力演化的主要影响因素。其实不然，环境动态性、竞争范围变化、组织学习、创新、企业成长等都可以是构成中小企业动态能力演化的影响因素，这需要结合中小企业的属性、中小企业发展的特点等具体情况具体分析。

从中小企业动态能力演化的主要影响因素的研究结论看，学界对环境动态性、竞争范围变化、学习、创新是影响企业动态能力的形成重要因素这一论断已没有争议，那么这些影响因素同样也将作用于企业动态能力演化。有学者以学习理论、创新理论和动态能力理论为分析框架，就学习、创新与动态能力的关联关系进行了实证研究，研究发现，知识创新对企业动态能力有直接影响，学习要通过创新才能对企业动态能力产生影响。中小企业应该大力培育企业家创新精神，积极提升组织即兴能力有助于企业动态能力的生成，这是因为企业家创新精神是企业动态能力形成动力机制的重要构成要素，而企业动态能力生成的阻力机制主要来源于企业的核心竞争力的核心刚性，因而中小企业要破除权利要素的阻力，结合外部环境的诱导，激发中小企业的变换革新意识，促进中小企业动态能力形成。

从某一个特定的领域来研究动态能力形成的影响因素，进而得到动态能力演化的影响因素，也是近年来学界研究的一大亮点。有学者选择了金融这一特定领域进行研究，从金融生态系统观角度，利用灰色系统理论构建因子挖掘模型，对农村金融企业动态能力的影响因素进行了实证研究，结果发现，农村金融企业动态能力的影响因素是由协调能力、创新能力、持续竞争能力构成的一级指标以及对应的二级指标形成的影响因素体系，因此，要提升农村金融企业动态能力，必须培育农村金融企业理性协调机制、创新机制，从农村金融企业内部寻找竞争优势的源泉。

大量研究表明，社会资本与组织学习是影响中小企业动态能力形成的重要因素，对中小企业动态能力的演化发展也有显著的影响。谢慧娟和王国顺（2012）以物流服务企业为研究对象，就社会资本、组织学习对中小企业动态能力的影响及作用机理进行了实证研究，结果发现，社会资本通过影响组织学习来影响企业动态能力，组织学习对企业动态能力有显著的正面影响，组织学习能加快中小企业动态能力的演化速度。新创企业、中小企业、后发企业动态能力的形成与演进也是学者研究的热点。有学者将新创企业动态能力划分为三个维度：整合能力、创新能力、学习能力，并对这三个维度的影响因素进行了剖析，认为创业者、创业导向等是影响新创企业动态能力的主要因素。创业者、创业导向等可以将其视为企业权力要素、创新要素，是企业动态能力动力机制的构成要素，这些要素越丰裕，越有利于企业动态能力的形成与演进。也有学者就知识管理内部驱动力与知识管理动态能力关联关系进行了研究，结果发现，企业文化、高层支持等是构成企业知识管理内源动力的五个方面，共同对中小企业动态能力产生作用，企业文化、高层支持等是中小企业动态能力学习机制的支撑机制，对中小企业动态能力的形成与演进具有重要影响。

3.4.2　影响内蒙古自治区中小企业动态能力演化的内在因素

从中小企业动态能力的特征以及演化过程看，影响内蒙古自治区中小企业动态能力的内在因素主要有组织结构、知识信息资源、人才、企业行为、制度体系五个方面。这五个方面相互关联、相互作用，共同影响内蒙古自治区中小企业动态能力的形成。

（1）组织结构

中小企业组织结构决定企业知识吸收的效率、范围和柔性，直接影响企业动态能力的学习机制，对企业动态能力匹配机制也有间接作用。传统管理学将企业组织结构划分为三种类型：职能型组织结构、事业部型组织结构和矩阵型组织结构，从企业管理效率角度客观分析这三种组织结构的特点，其落脚点在于企业绩效、企业可持续成长。而经济学视角下企业组织结构研究的落脚点在于这三种组织结构的经济效率，将企业视为一个科层组织，通过这种构架来实施决策和权力的分配，在分配过程中势必涉及知识分布，也即科层组织与决策信息处理的问题。知识广泛分布于企业的各个科层组织中，既有显性的知识，也有隐性的知识，当企业科层组织层级过多，必将增加各个层级间决策的难度与速度，影响企业决策的有效性。内蒙古自治区中小企业组织结构不仅影响了知识吸收（见图3－7），还影响了企业能力的积累与转移。

知识吸收

组织 类型		效率	范围	柔性
	职能型	高	低	低
	事业部型	低	低	高
	矩阵型	低	高	高

图3－7　内蒙古自治区中小企业组织结构类型与知识吸收

内蒙古自治区中小企业成长过程中组织结构不断演进，尤其是微型企业向小企业发展，再向中型企业发展的过程中，企业组织结构将随企业的扩张而将表现出一定的演进变化。假如有四种组织结构，对应着企业的成长扩张过程和衰退过程，见图3－8。

从图3－8可以看出，内蒙古自治区中小企业组织结构如果从结构1→结构2→结构3→结构4演进，表明企业处于成长扩张时期，企业各类人员增多、管理结构变得日趋复杂；组织结构如果从结构4→结构3→结构2→结构1演进，则表明企业处于衰退期，企业裁员，管理结构日趋简单。组织结构越复杂，对学习机制的运行绩效影响越大。企业组织重构前后知识、信息的传递、识别与配置变化将直接作用于企业动态能力的形成过程，企业扩张过程中，组织结构对动态能力的影响显著大于企业衰退过程中组织结构对动态能力的影响。如何规避企业扩张过程中组织结构的复杂化造成对动态能力的负面影响，一直是学界研究的焦点问题。通过大量案例研究证明，团队管理模式不仅能有效减少企业组织结构复杂化带来的组织效率损失，而且对于企业动态能力的提升具有显著的促进作用。一支人力资本水平较高的管理团队，能整合企业内部组织资源、知识资源、社会资本

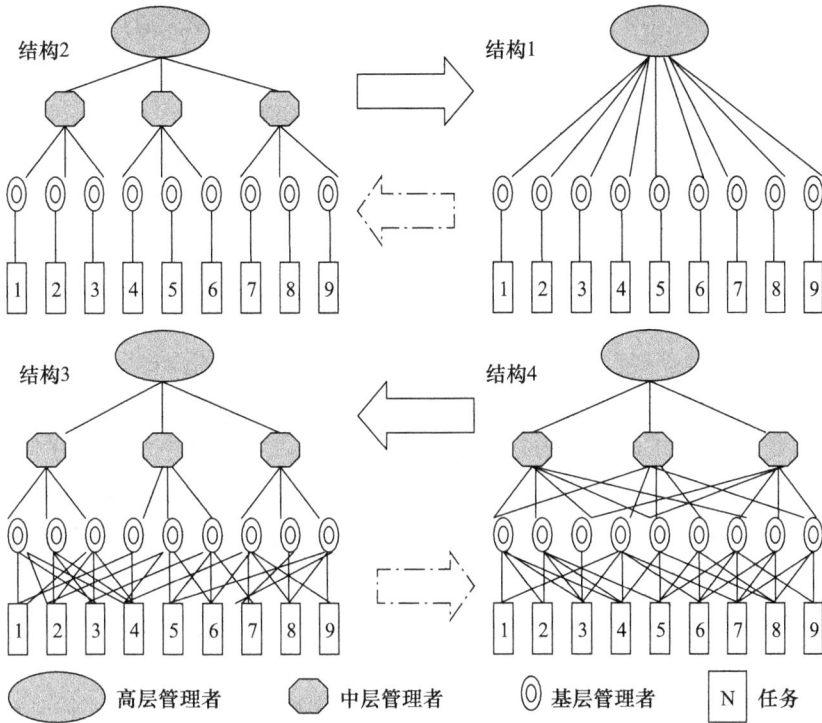

图 3 - 8 内蒙古自治区中小企业组织结构演进模型

资源、信息资源，实现资源在各个能力驱动环节的共享与配置，通过各个节点的能力倍增，实现企业动态能力的提升。

需要指出的是，内蒙古自治区中小企业组织结构并非一定要以扁平化组织结构为最优，企业动态能力的演化固然与组织高效的结构有关，但是企业组织结构并不是动态能力形成的充分条件，而仅仅是必要条件，企业组织结构的设置应该与企业发展实际相结合。

（2）知识信息资源

知识信息资源是中小企业学习机制运行的起点，是企业进行组织学习处理的基本资源。中小企业知识信息资源是企业内部重要的资源，主要包括技术、知识、产品研发、企业文化、管理系统信息等内容。企业核心能力理论认为，如果企业拥有异质性、专有性、不可模仿性的知识信息资源，这表明企业具有核心能力，那么企业就能保持持续竞争优势，就能实现可持续成长。面对动态变化的外部环境，企业单凭内部的知识信息资源存量无法保持持续竞争优势，必须对企业知识信息资源进行重构、整合、再造，而组织学习便是实现这一目标的关键。组织学习是企业通过学习机制，对企业已有的知识信息资源，通过合理的组织结构、有效的制度安排、学习型文化建设，实现知识信息资源的增值，实现企业能力的提升。

内蒙古自治区中小企业知识信息资源存量并不高，并且各个企业疏于知识的积累、信息资源的管理，这是导致中小企业动态能力水平不高的又一原因。内蒙古自治区中小企业在知识积累、信息资源管理方面做得欠缺的地方主要有两方面。一是不注重经验的总结。内蒙古自治区中小企业在经营管理过程中，虽能够关注企业内部生产、经营、内部管理，也能关注市场环境变化，但是却不注重企业内部生产经营管理经验的总结、积累，对外部环境的变化规律、突发事件处理等也缺乏一定的总结提炼，不利于企业人员更替过程中，知识的衔接，造成极大的资源浪费，也增加了企业的试错成本。二是内蒙古自治区中小企业往往忽视了内部资源的整理收集、外部资源的信息化处理工作。如果将企业视为一个信息系统，那么企业是由各个信息子系统所构成，这不仅包括企业编码后的资产信息，也包括企业作为社会子系统中的信息，缺少或者遗漏任何信息，企业系统将变得不完整，就不能发挥正常的企业信息系统功能。在面对外部环境变化的过程中，企业难以识别信息、甄别信息，并难以结合企业信息资源做出正确判断，企业动态能力的形成将受阻甚至是丧失，这将导致企业陷入困境。

（3）人才

人才是企业学习机制的输入要素，在整个学习机制中发挥中坚作用。人才作为最活跃的生产要素资源，具有主观能动性，是企业创造剩余价值的重要力量。从人力资本理论看，人才是企业人力资本存量较高的人力资源，直接影响企业人力资本水平。一般而言，企业人力资本水平越高，创造价值的机会越大。人才具有较高的智力资本，能够相对于其他员工更为敏锐地观察环境的动态变化，较好地进行自我学习、"干中学"也能较好地完成管理任务，面对突发事件做出相对合理的决策。进入超竞争时代，企业间人才争夺战日趋白热化，尤其是对复合型人才的争夺更是如此。企业一方面积极参与社会招聘、高薪聘请各类紧缺人才，另一方面委托专业的人才猎头公司为其发展提供人才支持。此外，企业还成立专门的培训机构，在企业内部培养造就优秀的人才，形成企业的核心人才资源、储备人才资源。

内蒙古自治区中小企业人才招聘培养问题颇多，主要体现在以下三个方面：一是内蒙古自治区中小企业用人往往唯学历使用，并且定位为一般的普通专科学校生源，本科较少招聘，他们之所以这样定位招聘，主要是基于企业发展定位、企业薪资设置、企业岗位职责的综合考虑，这就使得企业在人才招聘关低人一等。二是内蒙古自治区中小企业在人力资源管理过程中，往往只关心企业员工的工作业绩，却较少给予相应的激励，长此以往，在企业人才心底形成了一种打工、打临时工的感觉，极大地挫败了企业人才的忠诚度与事业感，以至于企业人才流动性较大，人才储备几乎为零。三是由于内蒙古自治区中小企业组织结构相对简单，企业员工也相对较少，难以通过较优厚的薪资待遇吸引人才，各类人才的技术级别也相对较低，复合型的人才极度缺乏。以上几点是内蒙古自治区中小企业人才储备少的根本原因，也是中小企业成长慢且生命周期短的一个重要原因。

（4）企业行为

企业行为企业为实现一定目标进行的一系列决策过程，也可以将其等同于企业面对外部环境激励所做出的反映的行为模式（江积海，2007）。企业行为方式决定着企业发展的路径、企业的组织结构。战略柔性思想认为，动态能力具有动态柔性的特点，这也是企业行为变迁的一种新体现。环境的不确定性和创新的日新月异，企业行为从过去既定的决策行为模式逐步向以试探性的执行行为和相对狭小的行为模式转变，企业试错的成本越来越高，稍有不慎，便会将企业置于万劫不复的境地。企业战略的本质特征也因此而发生改变，创新战略将取代其他企业战略成为企业的核心战略和最高战略。变则通，内蒙古自治区中小企业只有不断创新才能取得环境变化的发展先机，企业动态柔性也会因此而增加，提升企业适应快速发展的内外部环境。

企业行为能力构成战略柔性的基础，并且这种行为能力是由动态能力构筑起来的，而战略柔性是企业可持续成长的必要条件。从企业任务专有性和企业专有性两个维度来区分不同企业行为能力对企业战略柔性的影响是不同的，见图 3 - 9。一般而言，企业任务专有性低的企业行为能力对战略柔性的贡献程度大，而企业专有性程度越大的企业行为能力对战略柔性的贡献也将越大。

	低　　　　企业专有性　　　　高		
	低　　　　产业专有性　　　　高		
任务专有性　低	基础能力＋＋＋	一般产业能力＋＋＋	企业专有能力＋＋＋＋＋
高	标准技术能力＋	技术交易能力＋＋	异质技术能力＋＋＋

图 3 - 9　内蒙古自治区中小企业行为能力构成战略柔性的基础

注："＋"越多，对战略柔性的贡献就越大。

（5）制度体系

制度体系是企业学习机制顺利运转的基础和保障，也是企业形成存在的基础。制度体系作为企业发展的基础性资源要素，从三个方面影响动态能力的演化，即分别通过影响动力机制、学习机制和匹配机制来影响动态能力的形成。

动态能力演化的动力机制主要由企业内部要素和外部诱导共同作用形成，就企业内部要素而言，激励要素是整个内部资源动力产生的源泉，对企业权力要素、创新要素均具有显著的刺激意义。而激励要素形成的基础是企业的制度体系，如创新激励制度、权力限制制度等指向性的制度，这些制度的有效性直接影响激励的动力大小，倘若制度设计失败，激励要素难以诱发创新要素和权力要素。那么，面对外部环境的变化的诱导，难以形成企业变换革新的动力，即企业会忽视外部环境的变化而处于一种无动于衷的状态，其结果可想而知。

企业学习机制良性运作的保障和支撑条件离不开制度体系。支撑保障学习机制顺利运转的制度包括正式制度和非正式制度两种，二者均有约束和激励作用。中小企业学习机制的保障更多地是来自企业的正式制度，包括企业的办事规章制度、行为准则、组织惯例等内容，非正式制度对于企业学习机制的运行也有显著的促进和保障意义，主要包括企业文化建设、企业价值取向等内容。内蒙古自治区中小企业各种制度的设计应把握两个原则，即可操作性与理念性相结合的原则、成本最小化原则。要保障中小企业学习机制的顺利实施，必须要设计一套具有可操作性的制度体系，同时要调动企业员工学习的积极性、自主性，还要安排一套理念性的制度，以提升企业的学习绩效。每一个或一类制度的设计要以成本最小化为根本出发点，降低制度运行成本，放大企业学习机制的作用空间。

内蒙古自治区中小企业动态能力匹配机制的关键环节之一便是制度体系。制度体系直接影响到企业匹配机制的快速响应，它通过决策机制、纠错机制、预警制度等制度形成企业的快速响应能力。进一步来说，制度体系还是企业动态能力匹配机制发挥作用的基础，对于动态能力的提升、匹配机制的优化均具有显著的促进意义。

3.4.3　影响内蒙古自治区中小企业动态能力演化的外部因素

从中小企业动态能力的内涵以及形成机理看，影响内蒙古自治区中小企业动态能力的外部因素主要有企业外部结构、信息化水平、政策制度、环境稳定性四个方面，这四个方面既是内蒙古自治区中小企业的外部发展环境，也是影响其动态能力形成的外部因素。

（1）企业外部结构

中小企业外部结构主要是指企业在产业组织中的结构定位，主要有联盟结构、供应链结构、网络结构三种。企业通过联盟、合并、并购等企业行为选择所在行业的组织结构，以此实现对外部知识信息资源的搜集、获取、整合、配置和重构，为企业动态能力的形成提供必要的支持。中小企业选择何种外部结构不仅关系到企业所在行业的竞争环境，也关系到企业的发展路径。一般而言，中小企业应该根据自身发展特点来定位外部结构，选择适合企业成长的结构，并且这种结构应该具有动态性和演化性。

中小企业掌握的知识信息资源相对于行业中的大型企业而言较为有限，要想在竞争日益激烈的市场中占有一席之地，夹缝中获得生存，必要的外部援助、企业联盟尤为必要，这也是当今经济社会形成的普遍共识，靠"单打独斗"的时代已经不复存在，市场竞争中求合作、在合作中赢得竞争胜利是社会的主流。当前，内蒙古自治区中小企业产业结构趋同，发展具有较大盲目性，企业外部结构尚未形成，这样极不利于企业搜集、获取、整合、配置和重构外部资源，势必会削弱中小企业的动态能力。相同产业背景下的各个中小企业通过合作形成联盟，构建网络型产业组织结构，将极大地消除地区产业结构趋同、发展盲目性的弊病，极大地提升中小企业动态能力水平。

（2）信息化水平

地区信息化水平越高，中小企业搜集、获取知识信息资源的可能性就越大，就会增强在动态环境中的应变能力和适应能力。内蒙古自治区信息化建设速度虽然较快，但是相对其他地区而言，信息化水平还处于较低阶段，局部地区信息化水平还处于初级阶段。当前，信息化建设应作为自治区政府经济社会建设的第一要务。信息化建设具有较显著的外部性，属于典型的公共物品，政府的有效供给，能够显著地促进地方经济社会的发展。对于中小企业成长而言，地区信息化建设越完善，一方面中小企业搜集、获取知识信息资源的成本就会越低，越有可能在大范围的市场竞争中获得竞争优势，促进企业的可持续成长；另一方面中小企业面对外部环境变化的响应速度也越快，有利于培育中小企业对动态环境敏锐的洞察力，为企业做出决策赢得时间，也能为企业试错节省成本。

（3）政策制度

随着经济全球化、一体化的深入，政府政策制度对中小企业成长的促进意义越来越突出。当今世界经济的发展，是由数以亿计的企业推动的。企业之间的竞争已不完全由企业主体来承担，企业背后的经济利益链条政府、社会性组织等主体渐渐参与到企业市场争夺中。近二十年来，西方国家政府在行政改革中，不断转变政府职能，以适应企业发展的需要，以强烈的服务意识为国内企业谋求经济福利，同时不惜奔走各国，为企业开辟市场、寻找合作伙伴、应对贸易摩擦。显然，政府相关政策制度不仅是刺激经济增长的利器，也是企业外部资源的重要组成部分，对企业的成长具有举足轻重的作用。

近年来，内蒙古自治区政府积极贯彻国家有关促进中小企业发展的政策制度，并且配套实施了一系列有利于中小企业发展的政策制度，形成了一套较为完善的支持中小企业发展的政策制度体系。内蒙古自治区中小企业在政策制度的大好环境下获得了长足的发展，这不仅体现在政府的财税优惠制度，还体现在市场开辟、产业结构调整等方面的指导与扶持，极大地提升了中小企业环境适应能力，为匹配机制的良性运作提供了保障。

（4）环境稳定性

环境的稳定性是相对于动态性而言的一个概念，是指企业内外部环境的变化在某一特定时期内处于相对稳定的一种状态。一般来说，中小企业成长的内外部环境越稳定越有利。需要指出的是，环境稳定性并不是良好环境的代名词，二者有相通性，也存在一定的差异。环境稳定性侧重于企业内外部环境发展的常态，符合形成、演进的一般规律，而良好的环境则强调有利于企业发展的内外部环境，侧重于环境与企业绩效之间的关联关系。从动态能力观角度看，环境稳定性程度越高，企业动态能力存在的必要性越小。其实不然，环境稳定性影响企业动力机制和匹配机制的运行，对学习机制也有一定的影响。

环境稳定，意味着企业动力机制中外部环境的诱发作用将变得微弱，甚至为零，但是从动态能力动力机制的运行原理看，如果外部环境的引导作用较小甚至为零，由企业内部的激励要素、创新要素和权力要素一样能推动企业变换革新意识，促进企业动态能力动力机制运转。环境稳定性对于匹配机制而言，不仅有利于其在较为宽松的情境下完成纠错、预警、决策过程，强化企业匹配机制的有效性，提升企业的动态能力。环境稳定性对于企业学习机制也具有显著的促进作用，能够加快企业知识信息资源的积累和再配置，强化企业知识信息资源的异质性、专有性和不可模仿性，集聚竞争优势，促进企业的可持续成长。

3.5 本章小结

本章对内蒙古自治区中小企业发展现状、演化与演化过程的基本理论、内蒙古自治区中小企业动态能力演化过程以及内蒙古自治区中小企业动态能力演化的影响因素进行了阐述与论证，旨在揭示内蒙古自治区中小企业动态能力的演化过程，找出影响中小企业动态能力演化的因素。

内蒙古自治区中小企业作为国民经济的重要组成部分和社会发展的重要推动力量，在繁荣城乡经济、增加财政收入、吸纳就业、维护社会稳定等方面发挥着举足轻重的作用，对加快实现"和谐内蒙古"、"推进美丽内蒙古建设"做出了巨大贡献。内蒙古自治区中小企业发展的主要特征有：一是单位数量多，规模小；二是地理空间、行业分布较广；三是以非公有制经济为主要形式；四是中小企业产业集群化初具规模；五是外部发展环境日趋完善。从内蒙古自治区中小企业面临的机遇与挑战看，内蒙古自治区中小企业机遇与挑战并存、优势与劣势同在。就中小企业内部状况而言，内蒙古自治区中小企业发展面临的主要问题有：第一，内蒙古自治区中小企业素质普遍偏低。第二，内蒙古自治区中小企业结构雷同，发展盲目。第三，中小企业家注重短期效应，忽视企业可持续成长。就中小企业外部环境而言，内蒙古自治区中小企业发展面临的主要问题有：第一，融资歧视并未根本消除，有效融资渠道狭窄。第二，政府扶持中小企业政策法规口号居多，发展环境需进一步优化。第三，中小企业社会化服务体系不健全，社会化服务功能需进一步加强。第四，信息化建设滞后，整体发展水平处于初级阶段。

演化是企业成长理论中一个较为重要的概念，与之对应的是演化过程。在企业成长论中，企业如何成长等同于能力、资源等不断发展的演化过程。演化的本质在于创新。本章还梳理了演化与演化过程理论的主要观点。内蒙古自治区中小企业动态能力演化是动态能力动力机制、学习机制和匹配机制交替运转的一个连续过程，这个过程与企业持续竞争优势的形成、企业的成长过程密切相关，并具有内在一致性。中小企业动态能力演化是一个动态不可逆的过程，也是动力机制、学习机制和匹配机制交替运转的一个连续过程，并且中小企业动态能力演化过程与企业持续竞争优势的形成、企业的成长过程有内在一致性。

根据动态能力形成机制的特点以及中小企业动态能力演化过程的特征，内蒙古自治区中小企业动态能力演化过程是以企业持续竞争优势集聚为目标，以动态能力机制为支撑，战略分析、战略定位、战略实施以及战略评价与调整为主要路径的作用过程。据此，本章给出了中小企业动态能力演化模型图，并从中小企业战略分析、战略定位、战略实施以及战略评价与调整四个子过程分别对企业动态能力演化过程进行了论述，揭示了中小企业动态能力演化机制与形成机制的内在一致性。

内蒙古自治区中小企业动态能力演化的影响因素主要有内在和外部两个方面。从中小企业动态能力的特征以及演化过程看，影响内蒙古自治区中小企业动态能力的内在因素主要有组织结构、知识信息资源、人才、企业行为、制度体系五个方面。这五个方面相互关联、相互作用，共同影响企业动态能力的演化。从中小企业动态能力的内涵以及演化过程看，影响内蒙古自治区中小企业动态能力的外部因素主要有企业外部结构、信息化水平、政策制度、环境稳定性四个方面，这四个方面既是内蒙古自治区中小企业的外部发展环境，也是影响其动态能力演化的外部因素。

第4章

内蒙古自治区中小企业
动态能力演化机制

4.1　内蒙古自治区中小企业动态能力演化路径

　　内蒙古自治区中小企业动态能力演化路径与企业能力提升密切相关，因此，从提升企业能力角度来研究企业动态能力的演化不失为一种有效的路径。内蒙古自治区中小企业利用动态能力提升企业能力的方式有两个方面：一个是在企业内部寻找变革机会，如对现有产品或服务进行创新、对组织惯例实施变革、改变学习流程等；另一个是跨越企业边界实现能力提升，如企业并购、企业重组等。这也是动态能力演进的动力机制。

　　内蒙古自治区中小企业内部的变革主要是通过学习机制来实现，因而，从知识管理视角对企业动态能力演进路径进行研究，以动态能力形成的知识演化、知识活动为主要研究方式，探查企业动态能力演进的一般性规律。结果发现，学习机制是动态能力持续发展和演进的保障，这也再次印证了学习机制在动态能力形成与演进中的中坚作用。也有学者根据和谐管理理论的基本思想，从横向和纵向两个维度构建研究模型，假设环境的变化是企业资源配置方式变化的外在诱因，也是内源动力，企业动态能力演化的路径是三个阶段的循环推进：环境变化—和谐主题—资源配置方式调整，实际上这主要论证了动态能力形成机制中的动力机制，也即证实了动力机制对动态能力形成与演化的作用。

　　另外，从知识演进角度研究动态能力的演进也可以归纳到学习机制中，建立以知识演化过程为基础的动态能力，通过对知识演进的轨迹来厘清企业动态能力的演进机制，这是因为知识演进的内在动力机制是组织学习，也即学习机制。从企业外部环境的变化，尤其是企业结构的变化来研究企业动态能力的文献近年来也陆续出现，这类分析可以归纳到企业动态能力形成的匹配机制和动力机制的研究中。有学者从并购前、并购过程中、并购实施后三个阶段，剖析了企业动态能力变化的过程，并且引申出动态能力对并购企业的影响，据此，深入阐述了企业并购过程中动态能力的演进机制。企业并购前识别机会并利用机会的能力以及并购选择能力都是企业动态能力的重要构成部分，并购过程中的动态管理能力以及并购后企业的资源整合和重构能力都是构成动态能力的要件，并购三个阶段企业能力变化正是动态能力演进的重要反映，也是动态能力扩张演进的轨迹。企业动态能力在并购的不同过程影响因素也各不相同，组织学习、经验积累等都将是影响动态能力形成、演进的因素，也是影响动态能力作用于企业能力提升的重要诱因。

不少研究者选择以组织能力理论、学习理论为切入点，来探究企业组织动态能力的演化路径。动态能力概念与理论范式一经推出，便显示出强大的生命力与活力，其主要原因在于该理论涉及企业管理尤其是战略管理中众多理论研究议题，尤其是研究的"瓶颈"问题，它不仅为各个研究议题提供了理论研究的新视角与新方法，也较好地适应了信息化时代企业管理过程产生的理论需求。组织适应、组织学习、战略更新、组织双元性等组织理论议题嵌入动态能力理论后，形成一系列全新的组织动态能力理论，组织动态能力演化正是在这一理论背景下诞生的研究命题。动态能力作为一种特殊的能力，是企业知识的集合，能力的知识模型和能力改变的维度是研究动态能力演化过程的两个重要工具。组织通过学习获得知识，变异组织知识是动态能力演化循环过程的第一步，随即企业内部选择、传播、保持一同构成企业动态能力演化的过程。有学者从微观认知机制研究视角出发，对企业组织动态能力演化机制的研究脉络进行了系统分析，研究认为，传统组织能力研究过于关注集体层面，以经验主导逻辑，缺乏足够的微观（个体）层面的组织能力研究，也忽视了微观认知机制的行为逻辑与作用过程，管理者认知结构日益呈现柔性和复杂性，认知过程也呈现出创造性搜寻与战略性意义建构的双元性整合特征。据此，提出了组织动态能力演化微观认知机制研究模型，并给出了较为具体的研究思路和建议。组织动态能力演化与组织结构、知识结构相关，实际作用于企业的学习机制，学习机制是企业动态能力形成的核心，也是动态能力演化的关键。曹红军和王以华（2011）构建了环境、信息与动态能力整合的分析框架，实证检验了环境—信息—学习—能力的演化路径。曹红军和王以华提出的这种演化路径与本书提出的动态能力形成机制有相通性，去掉其演化路径能力一环，将环境与信息归并到动态能力形成的动力机制中，实际为本章提出的动态能力演化路径提供了经验支持。

因此，动态能力演化的路径与动态能力形成过程具有内在一致性，但又不能简单将二者进行等同。动态能力演化的路径与企业成长演化过程相吻合，以动态能力形成机制为内在支撑，依赖路径是企业战略分析→战略定位→战略实施→战略评价与调整。

4.2 内蒙古自治区中小企业动态能力演化机理

随着高技术的迅猛发展以及人们综合素养和生活水平的提升，产品更新换代的速度越来越快，不仅培养造就了一批适应能力强的中小企业，也为管理科学理论的创新提供现实素材。超竞争环境下，中小企业要获得持续竞争优势，必须具备一定的动态能力。然而，内蒙古自治区中小企业的自身资源、能力状况并不乐观，动态能力水平相对于大型企业而言较低，与其他地区中小企业也相对较低。是哪些因素限制了中小企业动态能力水平将是摆在提升中小企业动态能力面前的一个必须解决的问题，而要回答这一问题，必须全面揭示内蒙古自治区中小企业动态能力的演化机理。根据企业动态能力的内涵与形成及演化机制分析框架可知，中小企业动态能力的演化机理可以从其动力机制、学习机制和匹配机制三个方面入手，结合内蒙古自治区中小企业发展的特点进行系统分析。

4.2.1 内蒙古自治区中小企业动态能力演化的动力机制

中小企业动态能力的演化动因也即动力机制，是由激励要素、创新要素、权力要素等内在要素和市场变化、技术变化、政策变化、竞争变化等外部环境诱发共同作用形成的企业变化革新意识。这种变化革新意识受外部环境变化诱发，由企业内部资源基础和能力激励推动，企业家精神和权力要素来主导，形成一种动态能力机制，见图4-1。内蒙古自治区中小企业动态能力动力机制的演化的推动力量来自企业内部和外部两个方面。

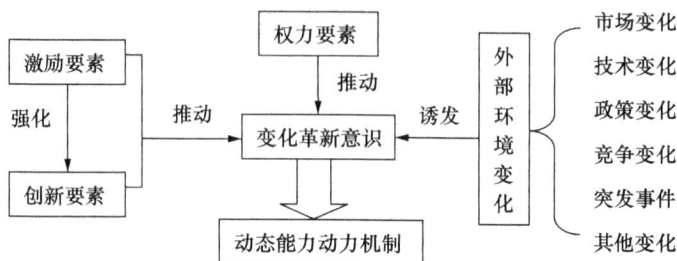

图4-1   内蒙古自治区中小企业动态能力动力机制的演化

（1）内蒙古自治区中小企业内部动力

就内蒙古自治区中小企业内部动力而言，主要是指企业主动追求新的激励产生的创新愿望和要求，是动态能力动力机制的根本推动力量，决定着企业动态能力的变化过程与演化路径。从内蒙古自治区中小企业变化革新意识的内部来源看，追求新的激励要素直接指向了利润最大化视角下，企业盈利水平的提升、规模的扩大、经营多元性、企业合并重组等一系列有利于企业可持续成长的方式。从内蒙古自治区中小企业发展的基本情况看，内蒙古自治区中小企业结构雷同、技术创新能力较弱，企业主追求短期效益行为较为普遍，投机行为不失为一种变通获得经济社会效益的方略。因此，内蒙古自治区中小企业激励要素主要来自企业家战略眼光、企业盈利水平两个方面，通过这两个方面产生原动力，刺激企业进行各种创新，而这一切需要一个强有力的执行机制。一般而言，中小企业领导者具有绝对的权威性，其做出的任何决策均能够被企业员工毫无保留地贯彻执行，这也是内蒙古中小企业动态能力动力机制特有的优势。

中小企业领导者的权威要素对变化革新意识起着至关重要的作用。首先，决定企业变化革新的方向，即企业选择何种创新方略使企业以何种方式实现可持续成长。其次，决定企业变化革新的成败，企业领导者决策的正确与否直接关系企业变革的成败，一个主观意识为主、滥用权威且缺乏理论根据与现实依据的决策，将迅速葬送企业的发展前程；一个富有战略眼光、敏锐洞察力的适合于企业可持续成长的决断将带领企业走向壮大。最后，企业领导者的权力应该是代表企业全体员工的发展愿景，而非强制性执行任务的命令或者规章制度。

（2）内蒙古自治区中小企业外部动力

就内蒙古自治区中小企业外部动力而言，主要是指中小企业外部环境变化诱发企业变化革新意识，对企业变化革新意识起诱发与引导作用。对企业来说，商场如战场，商机稍纵即逝，过去是这样，现在和将来仍然如此。信息化时代，不但拉近了人与人之间的距离，同时将市场竞争意识传遍全球，强化了"大鱼吃小鱼、快鱼吃慢鱼"的企业生存法则。存在于经济社会现实中的企业并非动态能力差，而是企业动态能力有大小强弱之分，最后生存下来获得发展的企业总是那些应变能力强、变化革新意识超前的企业。进入知识经济时代，企业与企业之间的竞争关系已逐步过渡到竞争与合作并存、以合作为主的新型企业关系。这是由于超竞争环境下企业竞争的强度与广度进一步扩大化，企业要实现可持续成长，必须学会合作，尤其是要学会同竞争对手合作，形成一种共生共荣的新型企业生态关系。

内蒙古自治区中小企业数量庞大、结构雷同、市场机制不健全，企业面对外部环境的快速变化，如市场变化、技术变化、政策变化、竞争变化、突发事件等变动，除了要有"变则通"的意识，还应有灵活的应对方略，即根据外部环境的变化，首先要厘清变化的来源、变化的性质，其次要找出变化的方向、测算变化的强度，再次要结合企业内部资源基础和能力概况做出相应的响应策略，最后要通过综合分析，确立变化革新构架，为构建新的企业动态能力提供基础与动力。

内蒙古自治区中小企业动态能力动力机制的内部和外部动力要素之间相互作用、相互影响。外部环境的变化作为动力机制的诱因，对企业内部动力要素产生诱发和引导作用，决定着企业激励要素的内容，间接影响企业创新要素，也影响决定着权利要素的方向；内部动力要素对企业变化革新意识起决定作用，也影响着企业响应外部环境变化的方式与策略，是企业动态能力动力机制的根源所在。

概括而言，内蒙古自治区中小企业动态能力动力机制各个要素之间相互关联、相互作用影响，形成一个动力系统。动力系统各要素之间依据各自的特性与功能发挥作用，动力机制的运行则是建立在各个要素功能作用与协同作用基础之上，并且动力系统正常运行后还将产生一个大于各个子要素功能的作用，也称之为自组织放大机制作用。

4.2.2   内蒙古自治区中小企业动态能力演化的学习机制

在知识经济时代，技术创新速度将越来越快，过去靠质量、技术、秘方、市场壁垒保持长期竞争优势的时代已不复存在，以知识和能力为代表的资源要素在企业可持续成长中的作用日益显著，而知识和能力的获取，离不开组织学习。实践证明，企业拥有强有效的组织学习能力，不仅能使企业保持动态变化的核心能力，还能使企业获得可持续的竞争优势。见图 4-2。

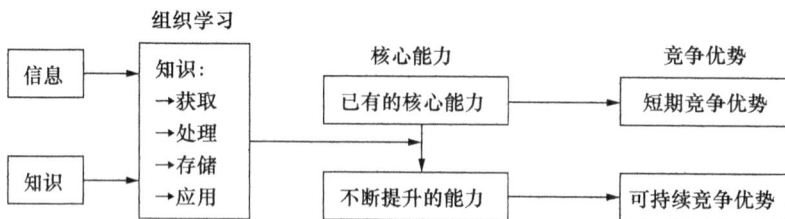

图 4-2   组织学习对企业竞争优势的作用

显然，企业要保持可持续竞争优势，就必须加强组织学习，促进企业已有能力的不断提升。组织学习是企业在获取信息、知识后，通过处理、存储和应用一系列的组织学习过程，对企业已有的核心能力进行再造，形成新的不断提升的能力，从而实现可持续竞争优势，保障企业的可持续成长。就中小企业动态能力形成的学习机制而言，企业的组织学习是针对外部环境变化而言形成的一种学习机制，它由中小企业领导者主导、企业全体员工共同完成。内蒙古自治区中小企业动态能力形成的学习机制应该是，为提升企业内部和外部知识与信息的敏感度与处理能力而形成的一种连接构架与行为方式，其核心是激励企业全员学习，并保证这种学习的有效性。其主要构架包括以下四个方面的内容，见图 4 - 3。

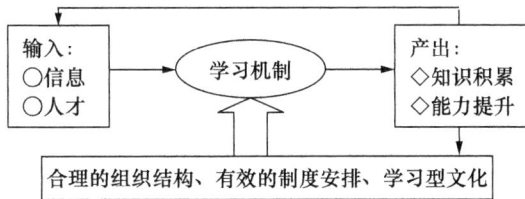

图 4 - 3　内蒙古自治区中小企业学习机制的构成要素

（1）内蒙古自治区中小企业学习机制的输入要素

从图 4 - 3 中可以看到，内蒙古自治区中小企业动态能力形成的学习机制的输入要素主要有信息和人才两个方面。信息资源是中小企业学习机制的加工对象和源泉，它可以来自竞争对手的各类信息资源，如产品性质、技术指数、管理制度、企业文化等，也可以来自上下游企业、行业协会组织、国家产业改革政策、国外相关产业发展经验等，这些信息资源都可以成为中小企业学习的起点和内容。人才是企业内部知识的载体，直接影响企业生产、管理、技术、发展方向等。人才作为企业人力资本水平的重要构成，其素质的高低不仅受其教育程度、健康状况、工作经验、道德素养等决定，还受其创新精神、创业素养、变革意识等决定。鉴于此，各个企业尤其跨国公司加强了各类人才的引进与培养。企业对人才的争夺已进入白热化状态。

内蒙古自治区中小企业信息化建设水平较低且在人才争夺过程中处于不利地位，这些将极大地限制企业学习机制的输入水平。换句话说，内蒙古自治区中小企业在参与市场竞争过程中，一开始就落后于其他企业，输在了起点。鉴于此，内蒙古自治区政府应该加大信息化水平建设，大力扶持中小企业，促进其信息化水平升级，同时加大人才储备、人才培养和人才引进，为中小企业创造良好的人才招聘环境。中小企业应重视人才储备、人才培养和人才引进，将人才兴企作为首要的战略任务来抓，建立有利于人才发展的长效机制。

（2）内蒙古自治区中小企业学习机制的支撑要素

支撑企业学习机制的要素主要包括合理的组织结构和学习型文化。其中，组织结构是企业学习机制的基础，学习型文化则是企业学习机制的主要动力，也是企业保持可持续成长的不竭源泉。

中小企业选择何种组织结构将影响企业的学习绩效。从系统观看，企业组织结构是一种系统结构，决定着企业系统的功能，企业发展就是在组织结构与组织功能的相互适应过程中发展的，企业作为一个系统，其系统结构包括组织结构、组织与环境中其他子系统形成的结构两个层次。组织结构是决定企业功能作用的内在因素，组织与环境中其他子系统形成的结构是影响企业发展的外部因素，这两种子系统结构只有保持相对合理的结构比例，才能促进企业内部和外部之间的信息、人才等的输入和输出，提升企业的动态感应能力。此外，系统结构也是知识与信息的重要载体，是企业学习机制形成的基础。

学习型文化是指企业内部通过推行学习建设，形成一种开放协作创新的学习氛围，激励企业全员参与组织学习的制度化安排。学习型文化被跨国公司视为企业制度建设的核心，也是企业立于不败之地不可或缺的文化制度。种种迹象表明，组织学习是企业延长生命周期的重要手段，也是企业实现可持续成长的法宝。企业只有强化这种文化建设，才能刺激企业全员不断学习，促进企业信息、知识的不断更新，实现企业可持续成长。事实上，学习型文化建设也是根治中小企业短期行为弊病的良方。

（3）内蒙古自治区中小企业学习机制的保障要素

有效的制度安排是中小企业学习机制顺利运转的保障。有了充足的信息资源、优秀的人才以及合理的组织结构、学习型文化后，就应该着手设计安排有效的政策规章，以保证这些资源、构想能在一个强有力的制度平台上运作，实现学习目标，提升学习产出。

制度包括正式制度和非正式制度两种，二者均有约束和激励作用。中小企业学习机制的保障更多地是来自企业的正式制度，包括企业的办事规章制度、行为准则、组织惯例等内容；非正式制度对于企业学习机制的运行也有显著的促进和保障意义，主要包括企业文化建设、企业价值取向等内容。中小企业各种制度的设计应把握两个原则，即可操作性与理念性相结合的原则、成本最小化原则。要保障中小企业学习机制的顺利实施，必须要设计一套具有可操作性的制度体系，同时要调动企业员工学习的积极性、自主性，还要安排一套理念性的制度，以提升企业的学习绩效。每一个或一类制度的设计要以成本最小化为根本出发点，降低制度运行成本，放大企业学习机制的作用空间。

（4）内蒙古自治区中小企业学习机制的产出要素

内蒙古自治区中小企业学习机制的产出要素主要表现形式是企业知识的积累、能力的提升。通过企业学习机制的良性运行，企业实现了知识的更新和积累、核心能力也得到了更新和提升，为企业进行下一轮学习注入了新鲜血液，这也使企业下一轮参与市场竞争的起点更高，更有机会适应新的环境。虽然内蒙古自治区中小企业学习机制的这种产出要素并不是以企业绩效、企业盈利为直接表现形式，但是这种内在的影响企业绩效、企业盈利水平的知识和能力，更能使企业保持持续竞争优势，促进企业的可持续成长。

4.2.3　内蒙古自治区中小企业动态能力演化的匹配机制

匹配机制是中小企业动态能力形成的关键，是提升企业动态性、强化学习机制的动力机制。学习机制是企业动态性的集中体现，是企业可持续竞争优势形成的必要条件，而匹配机制不仅能强化企业学习的有效性，还是企业可持续竞争形成的充分条件，内蒙古自治区中小企业可持续成长是否得以实现取决于匹配机制是否良性运转。

内蒙古自治区中小企业动态能力演化的匹配机制是基于外部环境波动、企业内部资源环境发生变化的一种动态匹配过程，企业管理波动、管理失误、外部环境波动将诱发企业信息系统发生变化，这时信息系统将传递出两种信号作用于企业决策，即纠错和预警。当企业信息系统发生改变的程度被企业所识别、认知后，将产生纠错信息，供企业决策参考，当信息系统内部的改变无法或者难以被企业所识别、认知，那么此时就将传递一种预警信息，供企业决策参考，这两种结果都将通过匹配，最终对决策进行修正补充，实现良性趋势发展。见图4-4。

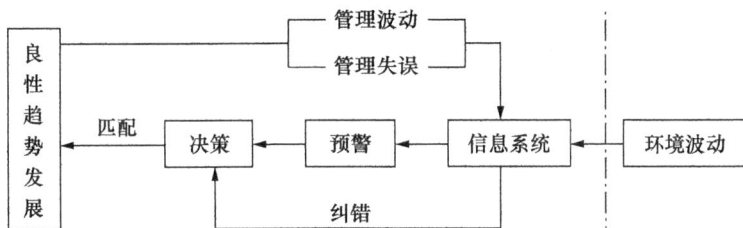

图4-4　内蒙古自治区中小企业匹配机制作用

动态能力理论强调企业要快速响应企业内部和外部资源、环境变化，不断创造新的优势，并以此积累形成长期的可持续竞争优势。可以想象，企业要想拥有快速响应内外部环境变化的能力，首先，应该革新企业的组织结构，这也是近年来，企业组织结构趋向于扁平化、网络化的主要原因。其次，要强化企业价值链重组、业务流程再造，只有这样企业才能在保持整体战略不变的情况下，做出快速响应。最后，构建有效的匹配机制，在短期内实现知识、信息、资源的获取、识别、有效配置，保证企业内部资源、知识、能力的异质性、不可模仿性、专有性，确保企业持续竞争优势。内蒙古自治区中小企业拥有组织结构优势，构建匹配机制后，将做出准确判断、正确决策、快速行动。具体而言，内蒙古自治区中小企业构建有效的匹配机制需要注意以下几个问题：

第一，内蒙古自治区中小企业要准确判断，必须具备及时收集和处理内部和外部环境信息的能力。而要具备这种能力要求需要中小企业达到基本的信息化水平，只有这样才能对环境变化做出迅速的响应。世界著名的零售企业沃尔玛，依靠过站式的物流管理信息系统，对顾客需求变化、竞争对手价格变化、各个销售网点销售信息做出快速响应，及时调整企业的采购、配销、管理等环节的基本情况，既满足了顾客，提升顾客的忠诚度，同时也节省了企业调整成本，保持企业可持续竞争优势。

第二，内蒙古自治区中小企业做出正确决策的基本前提是企业必须确定内外部环境的变化，对企业带来的是机会抑或是不可预见的威胁。中小企业在发展过程中遇到的危机和潜在的威胁较大型企业要多得多，但是其预防能力、应对能力却远远低于大型企业，这也是中小企业较大型企业生命周期普遍短的客观原因之一。中小企业需要具备一定的危机和潜在的威胁识别能力，并对此做出快速响应，同时将处理结果反馈到企业的决策过程中。

第三，内蒙古自治区中小企业在做出正确决策过程中，还应建立纠错机制。虽然一再强调中小企业面对内外部环境的变化，要做出准确的判断、快速响应，但是这并不代表企业在做出判断、快速响应的过程中不会出现信息失真、决策失误，因此，有必要建立纠错机制，对企业已经做出的决策进行修正，避免决策的实效性甚至是一错再错。

第四，内蒙古自治区中小企业内部要建立快速行动机制。中小企业整个匹配机制的关键一环便是在作出决策后能够快速行动。在复杂多变的外部环境中，时间不仅意味着希望，更是决定企业生死存亡的重要资源。中小企业往往会因为抢夺时间、快速行动而获得生存发展，往往由于迟于行动而遭遇破产倒闭，以致追悔莫及。

4.3　本章小结

本章就内蒙古自治区中小企业动态能力演化的路径与内蒙古自治区中小企业动态能力演化机理进行了阐述与论证，这可以认为是对动态能力演化理论创新的一种大胆尝试，也是对动态能力理论研究的一种深化，但对动态能力演化的相关问题还有待进一步的分析与研究。

动态能力演化的路径与动态能力演化过程有内在一致性，但又不能简单将二者进行等同。内蒙古自治区中小企业动态能力演化的路径与企业成长过程相吻合，以动态能力演化过程为内在支撑，依赖路径是企业战略分析→战略定位→战略实施→战略评价与调整。环境动态性、竞争范围变化、组织学习、创新、企业成长等都可以是构成企业动态能力演化的影响因素，这需要结合企业的属性、企业发展的特点等具体情况具体分析。

根据企业动态能力的内涵与演化过程分析框架可知，内蒙古自治区中小企业动态能力的演化机理可以从其动力机制、学习机制和匹配机制三个方面入手，结合内蒙古自治区中小企业发展的特点进行系统分析。内蒙古自治区中小企业动态能力的演化动因也即动力机制，是由激励要素、创新要素、权力要素等内在要素和市场变化、技术变化、政策变化、竞争变化等外部环境诱发共同作用形成的企业变化革新意识。就中小企业动态能力演化的学习机制而言，企业的组织学习是针对外部环境变化而言形成的一种学习机制，它由中小企业领导者主导、企业全体员工共同完成。内蒙古自治区中小企业动态能力演化的匹配机制是基于外部环境波动、企业内部资源环境发生变化的一种动态匹配过程，是动态能力形成的关键。

第 5 章

内蒙古自治区中小企业
动态能力实证研究

5.1 内蒙古自治区中小企业动态能力水平评价

5.1.1 实证数据与方法

（1）内蒙古自治区中小企业动态能力实证研究的样本

数据来源。此次调研以在内蒙古自治区财经大学 MBA 班、内蒙古自治区大学 MBA 班、内蒙古自治区工业大学 MBA 班参加继续教育的学员为主要对象，他们多为中小企业管理者且任职一年以上，对企业管理、企业资源、企业动态能力等有较为全面的掌握，调研以直接发放与回收调查问卷和依托人际关系，委托朋友代为间接发放相结合，共发放调查问卷 380 份，共回收问卷 182 份，抛开不完整问卷、回答明显有误问卷、重复问卷等瑕疵问卷后，有效问卷为 128 份，问卷有效回收率为 34%。

调查样本。所选 61 家中小企业集中在呼和浩特市、包头市和鄂尔多斯市，其中民营企业占 59.4%，传统产业占 82.7%，具有一定代表性。依据研究需要，从内蒙古自治区中小企业动态能力实证研究调查（见附录 1）的结果中，挑选出处于动态环境的企业，并且进一步划分为处于动态简单环境与动态复杂环境两类企业。在挑选的这些中小企业中，进行进一步深入的调研（见附录 2），具体内容包括企业概况、动态能力的测评、动态能力特征、该企业动态能力影响因素分析。

数据分析的判定依据。非动态环境（动态环境）判定依据为：对问卷中所涉及的消费者偏好变化幅度和速度、技术（创新和发明引起的技术变革）、产业政策变化幅度和速度、竞争（潜在和现有的竞争对手的行为）变化幅度和速度、供应商（贸易伙伴的行为）变化幅度和速度等5大类10个小问题的答案选择均为一般、比较小或很小的企业①，其所处的环境可判定为非动态环境，否则为动态环境②。

数据处理与分析方法。对解释变量与被解释变量的数据同时来自同一应答者可能存在的同源性偏差问题，对调查问卷整理的数据进行哈曼单因子检测，即将调查问卷所有题项放在一起做因子分析，判断未旋转时得到的第一个主成分是否能解释大部分变量方差，如果是则存在这类问题。本书将调查问卷的所有题项放在一起进行哈曼单因子检测，发现未旋转时得到的第一个主成分的载荷量是29.7%，表明不存在严重的同源性偏差。数据分析采用聚类分析的方法，分析工具为SPSS11.5。

（2）动态环境与非动态环境判定

变量设计：本书设计了10个指标用以判定企业所处的外部环境是否为动态环境。具体如下所示：

X1：消费者偏好变化幅度

X2：消费者偏好变化速度

X3：技术（创新和发明引起的技术变革）变化幅度

X4：技术（创新和发明引起的技术变革）变化速度

X5：产业政策变化幅度

X6：产业政策变化速度

X7：竞争（潜在和现有的竞争对手的行为）变化幅度

X8：竞争（潜在和现有的竞争对手的行为）变化速度

X9：供应商（贸易伙伴的行为）变化幅度

X10：供应商（贸易伙伴的行为）变化速度

以上每一变量的答案均有五个：非常大（快）、比较大（快）、一般、比较小（慢）和非常小（慢）。根据前文的判别标准（非常快和比较快归类为快，一般、比较慢和非常慢归类为慢）分别为每一个答案赋值为：1、1、0、0、0，具体见表5-1。

①　问卷中所涉及的5大类10个小问题的备选答案均为很大（快）、比较大（快）、一般、比较小（慢）和很小（慢）。

②　动态简单环境和动态复杂环境判定依据：依据产业集中度和新参与者出现速度快慢来简单区分动态简单环境和动态复杂环境，其中产业集中度超过25%以上的可判定为产业集中度高；新参与者出现速度为快和较快的可判定为快，一般、较慢和很慢的可判定为慢。

表5-1　动态（非动态环境）变量（指标）赋值①

变量值	非常大（快）	比较大（快）	一般	比较小（慢）	非常小（慢）
类别	大（快）			小（慢）	
赋值	1			0	

根据对 61 家企业的调查问卷的分析，可得量化后的环境判定变量值，见表 5-2。

表5-2　61家中小企业动态（非动态）环境判定变量值

样本号	公司名称	X1	X2	X3	X4	X5	X6	X7	X8	X9	X10
1	内蒙古自治区呼和浩特方舟有限责任公司	0.00	0.00	0.00	0.00	0.00	0.00	1.00	1.00	0.00	0.00
2	上海三菱电梯内蒙古分公司	0.00	0.00	1.00	1.00	0.00	1.00	0.00	1.00	0.00	0.00
3	内蒙古自治区武川武皇酒业有限责任公司	1.00	1.00	0.00	0.00	0.00	0.00	1.00	1.00	0.00	0.00
4	内蒙古自治区兴华机械制造厂	0.00	0.00	1.00	1.00	0.00	0.00	1.00	1.00	0.00	0.00
5	内蒙古自治区天鸿生物科技有限公司	1.00	1.00	0.00	0.00	0.00	0.00	0.00	1.00	0.00	0.00
6	内蒙古自治区华夏旅行社有限责任公司	1.00	1.00	0.00	0.00	0.00	0.00	0.00	0.00	0.00	0.00
7	内蒙古自治区晟纳吉光辅材料有限公司	1.00	1.00	1.00	1.00	1.00	0.00	1.00	1.00	0.00	0.00
8	呼和浩特市环忠乳业设备有限公司	0.00	0.00	1.00	1.00	0.00	0.00	1.00	1.00	0.00	0.00
9	呼和浩特市宏远民族用品厂	0.00	0.00	0.00	0.00	0.00	0.00	0.00	1.00	0.00	0.00
10	内蒙古自治区爱立特纺织有限公司	1.00	1.00	0.00	0.00	1.00	0.00	0.00	0.00	0.00	0.00
11	内蒙古自治区家园食品公司	0.00	0.00	0.00	0.00	0.00	0.00	0.00	0.00	0.00	1.00
12	呼和浩特市义得利行销公司	1.00	0.00	0.00	0.00	0.00	0.00	1.00	1.00	1.00	1.00
13	内蒙古自治区华程科贸有限公司	0.00	0.00	0.00	0.00	0.00	0.00	0.00	0.00	0.00	0.00
14	呼和浩特市庆协包装有限责任公司	0.00	0.00	0.00	0.00	0.00	0.00	0.00	0.00	1.00	0.00
15	内蒙精美华程包装公司	0.00	0.00	0.00	1.00	0.00	0.00	0.00	0.00	1.00	1.00
16	爱生雅（呼和浩特）包装有限公司	0.00	0.00	0.00	0.00	0.00	0.00	0.00	0.00	0.00	0.00
17	内蒙古自治区典源律师事务所	0.00	0.00	1.00	0.00	0.00	0.00	1.00	0.00	0.00	0.00
18	内蒙古自治区意林食品有限公司	1.00	1.00	1.00	0.00	0.00	0.00	1.00	0.00	0.00	0.00
19	内蒙古自治区美好食品有限责任公司	0.00	0.00	0.00	0.00	0.00	0.00	0.00	0.00	0.00	0.00

---

① 齐永兴，郭毅 . 内蒙古自治区中小企业动态环境判定与分析［J］. 价值工程，2011（8）。

样本号	公司名称	X1	X2	X3	X4	X5	X6	X7	X8	X9	X10
20	内蒙古自治区呼和浩特市东方罗玛国际商务会馆	1.00	0.00	1.00	0.00	0.00	0.00	1.00	1.00	0.00	0.00
21	内蒙古自治区联翔信息技术有限责任公司	1.00	1.00	1.00	1.00	0.00	0.00	1.00	1.00	1.00	1.00
22	北京久其软件内蒙古分公司	1.00	1.00	1.00	1.00	1.00	1.00	1.00	0.00	0.00	0.00
23	蒙羊—澳利蒙多（内蒙古）肉业有限责任公司	0.00	0.00	0.00	0.00	0.00	1.00	1.00	0.00	1.00	1.00
24	蒙羊—澳利蒙多公司	0.00	1.00	0.00	0.00	0.00	0.00	0.00	0.00	0.00	0.00
25	内蒙古自治区通大实业股份有限公司	0.00	0.00	0.00	0.00	0.00	0.00	0.00	0.00	0.00	0.00
26	天邦饲料公司	1.00	0.00	0.00	0.00	0.00	0.00	0.00	0.00	0.00	0.00
27	内蒙古自治区伊利集团饲料公司	1.00	0.00	0.00	0.00	0.00	0.00	0.00	0.00	0.00	0.00
28	东莞市长安兴晔电子厂驻内蒙古分公司	1.00	0.00	0.00	0.00	0.00	0.00	0.00	0.00	0.00	0.00
29	东莞市黄江亿高灯饰厂驻内蒙古分公司	1.00	0.00	0.00	0.00	0.00	0.00	0.00	0.00	0.00	0.00
30	中国人寿保险公司包头九原区支公司	1.00	0.00	0.00	0.00	0.00	0.00	0.00	0.00	0.00	0.00
31	神华准格尔能源有限公司	1.00	1.00	0.00	0.00	0.00	0.00	0.00	0.00	0.00	0.00
32	内蒙古自治区鹿王羊绒集团公司	0.00	0.00	0.00	0.00	0.00	0.00	0.00	0.00	0.00	0.00
33	内蒙古自治区食品总公司	1.00	0.00	0.00	0.00	1.00	0.00	0.00	0.00	0.00	0.00
34	上湾煤矿	0.00	1.00	0.00	0.00	0.00	0.00	0.00	0.00	0.00	0.00
35	鄂尔多斯江海旅行社	1.00	0.00	0.00	0.00	0.00	0.00	0.00	0.00	0.00	0.00
36	神东热电公司	0.00	0.00	0.00	0.00	0.00	0.00	0.00	0.00	0.00	0.00
37	内蒙古自治区蒙牛乳业集团有限公司	1.00	0.00	0.00	0.00	0.00	0.00	0.00	0.00	0.00	0.00
38	神华集团神东煤炭公司	1.00	0.00	0.00	0.00	0.00	0.00	0.00	0.00	1.00	1.00
39	神华神东公司	0.00	0.00	1.00	0.00	1.00	0.00	1.00	0.00	0.00	0.00
40	呼铁局恒诺集团公司呼和浩特公司	1.00	1.00	0.00	0.00	1.00	1.00	0.00	0.00	0.00	0.00
41	准东铁路有限责任公司	0.00	0.00	1.00	0.00	0.00	0.00	0.00	1.00	0.00	1.00
42	赤峰市华宇混凝土添加剂有限责任公司	0.00	0.00	0.00	0.00	0.00	0.00	0.00	0.00	0.00	0.00
43	内蒙古自治区科创测绘有限责任公司	0.00	0.00	0.00	0.00	0.00	0.00	0.00	1.00	0.00	0.00
44	鄂尔多斯市星越职业培训学校	0.00	0.00	0.00	0.00	1.00	1.00	1.00	1.00	1.00	1.00

样本号	公司名称	X1	X2	X3	X4	X5	X6	X7	X8	X9	X10
45	准格尔旗营业公司	0.00	0.00	0.00	0.00	0.00	0.00	0.00	0.00	0.00	0.00
46	金鹤大药房	0.00	0.00	1.00	0.00	0.00	1.00	1.00	1.00	1.00	1.00
47	内蒙古自治区利牛生物化工有限责任公司	0.00	0.00	0.00	0.00	0.00	0.00	0.00	0.00	0.00	0.00
48	包钢凯捷公司	1.00	1.00	1.00	1.00	1.00	1.00	1.00	1.00	1.00	1.00
49	星越职业培训学校	1.00	1.00	1.00	1.00	1.00	1.00	1.00	1.00	1.00	1.00
50	鄂尔多斯市伊金霍洛旗石场湾煤矿	0.00	0.00	1.00	0.00	0.00	0.00	0.00	0.00	0.00	0.00
51	都帮保险	1.00	1.00	1.00	1.00	1.00	1.00	1.00	1.00	1.00	1.00
52	呼市新城区汇丰粮油有限责任公司	1.00	1.00	1.00	1.00	1.00	1.00	1.00	1.00	1.00	1.00
53	内蒙古自治区赛雪食品有限公司	1.00	1.00	1.00	1.00	1.00	1.00	1.00	1.00	1.00	1.00
54	内蒙古自治区第二电力建筑工程有限责任公司	0.00	1.00	1.00	1.00	1.00	1.00	1.00	1.00	1.00	1.00
55	内蒙古自治区名都房地产开发有限责任公司	1.00	1.00	1.00	1.00	1.00	1.00	1.00	1.00	1.00	1.00
56	内蒙古自治区维克多利纸业公司	0.00	0.00	0.00	0.00	0.00	0.00	0.00	0.00	0.00	0.00
57	内蒙古自治区汉森葡萄酒业公司	1.00	1.00	1.00	1.00	1.00	1.00	1.00	1.00	1.00	1.00
58	内蒙古自治区小肥羊餐饮连锁有限公司	1.00	1.00	1.00	1.00	1.00	1.00	1.00	1.00	1.00	1.00
59	内蒙古自治区呼和浩特富源商贸有限责任公司	1.00	1.00	1.00	1.00	1.00	1.00	1.00	1.00	1.00	1.00
60	源龙源集团	1.00	1.00	1.00	1.00	1.00	1.00	1.00	1.00	1.00	1.00
61	内蒙古自治区华地宝石框	1.00	1.00	1.00	1.00	1.00	1.00	1.00	1.00	1.00	1.00

聚类分析结果具体分析过程略,分析结果树状见图 5 - 1。

由图 5 - 1 可知,61 家企业共计分成两大类,其中 40 家企业处于典型非动态环境,21 家企业处于典型动态环境,该分析结果与企业的实际情况相吻合。

(3) 动态简单环境与动态复杂环境判定

对于处于动态环境的 21 家企业继续进行简单环境与复杂环境分析。

变量设计:根据前文可设计两个变量(指标)用以判定企业处于动态简单环境与动态复杂环境。具体变量(指标)如下:

X1:出现新的竞争对手的速度

X2:目前国内产业集中度(前三位企业的市场占有率总和)

为便于数据处理,各变量取值如下:

X1 的取值分别为:非常快(1)、比较快(0.8)、一般(0.6)、比较慢(0.4)和非常慢(0.2);X2 的取值分别为具体百分数值。

根据调查数据及赋值标准可得 21 家企业动态简单(复杂)环境判定变量值,见表 5 - 3。

Dendrogram using Average Linkage (Between Groups)

Rescaled Distance Cluster Combine

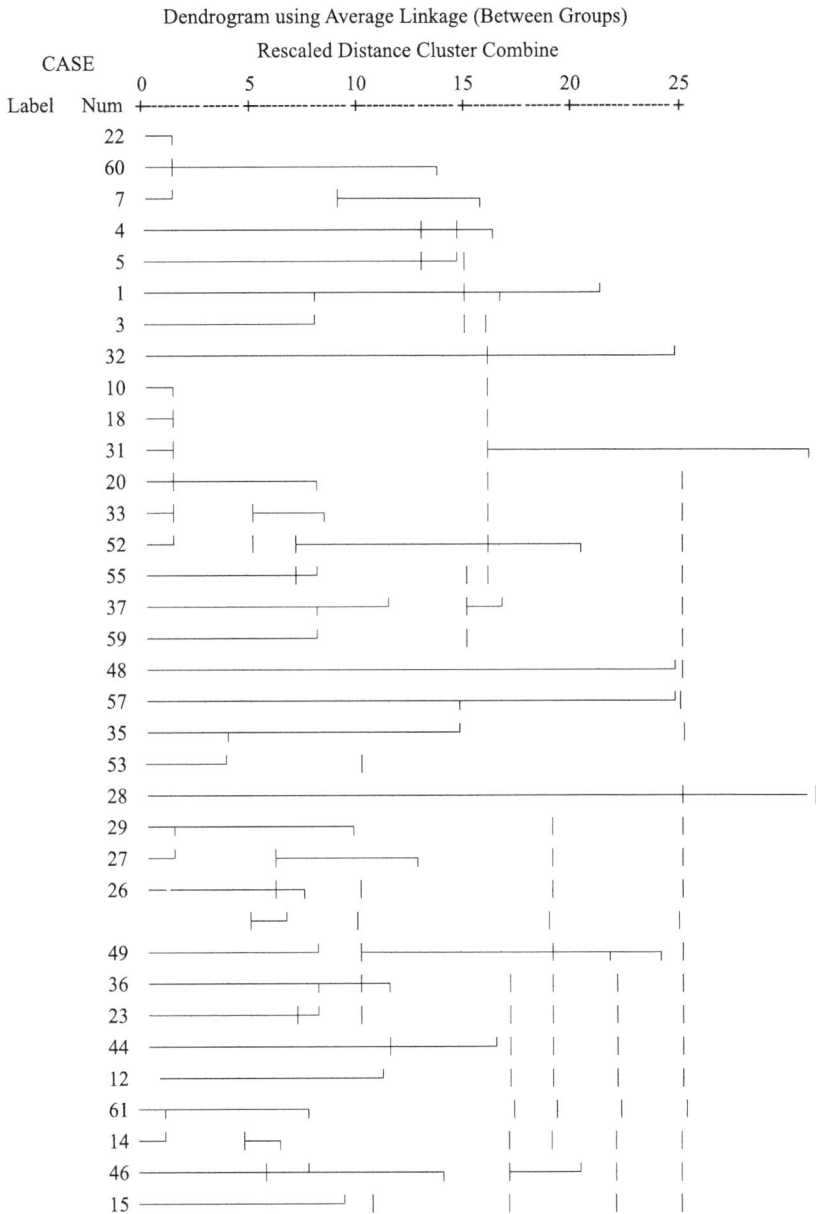

图 5 - 1　动态（非动态）环境聚类分析示意图

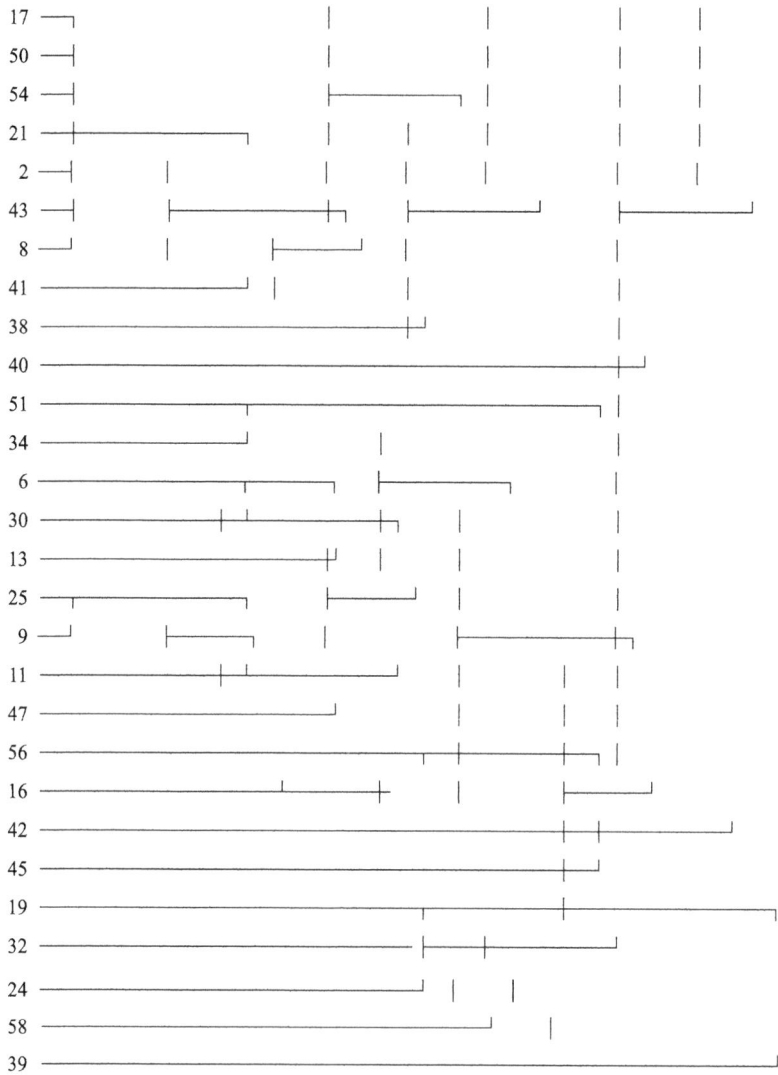

图 5-1   动态（非动态）环境聚类分析示意图（续）

表 5 - 3　企业动态简单（复杂）环境判定变量值

样本号	公司名称	X1	X2
1	内蒙古自治区呼和浩特方舟有限责任公司	0.80	0.10
3	内蒙古自治区武川武皇酒业有限责任公司	0.80	0.03
4	内蒙古自治区兴华机械制造厂	0.60	0.10
5	内蒙古自治区天鸿生物科技有限公司	0.60	0.08
7	内蒙古自治区晟纳吉光辅材料有限公司	0.80	0.02
10	内蒙古自治区爱立特纺织有限公司	0.60	0.05
18	内蒙古自治区意林食品又向公司	1.00	0.01
20	内蒙古自治区呼和浩特市东方罗玛国际商务会馆	0.80	0.20
22	北京久其软件内蒙古分公司	0.80	0.15
31	神华准格尔能源有限公司	0.80	0.40
32	内蒙古自治区鹿王羊绒集团公司	0.80	0.25
33	内蒙古自治区食品总公司	0.80	0.30
35	鄂尔多斯江海旅行社	0.60	0.08
37	内蒙古自治区蒙牛乳业集团有限公司	0.20	0.40
48	包钢凯捷公司	1.00	0.10
52	呼市新城区汇丰粮油有限责任公司	1.00	0.10
53	内蒙古自治区赛雪食品有限公司	0.80	0.05
55	内蒙古自治区名都房地产开发有限责任公司	1.00	0.08
57	内蒙古自治区汉森葡萄酒业公司	0.60	0.10
59	内蒙古自治区呼和浩特市富源商贸有限责任公司	0.80	0.02
60	源龙源集团	0.80	0.20

　　同理可得，21 家企业动态简单（复杂）环境聚类分析图，见图 5 - 2。

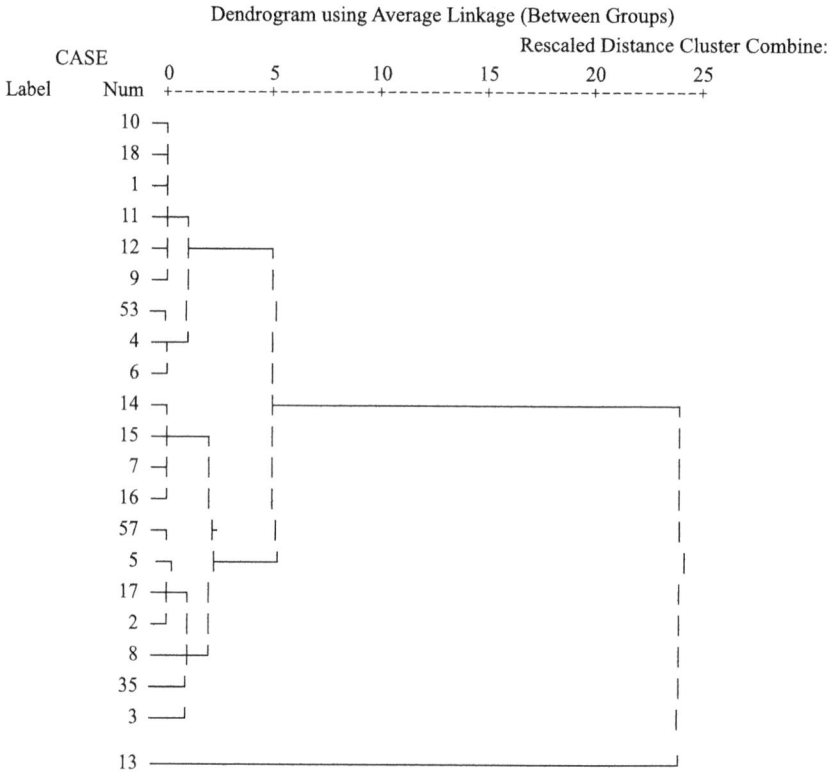

图 5 - 2　21 家企业动态简单（复杂）环境聚类分析

以上聚类分析结果按所划分的四个类别绘制象限，见图 5 - 3。

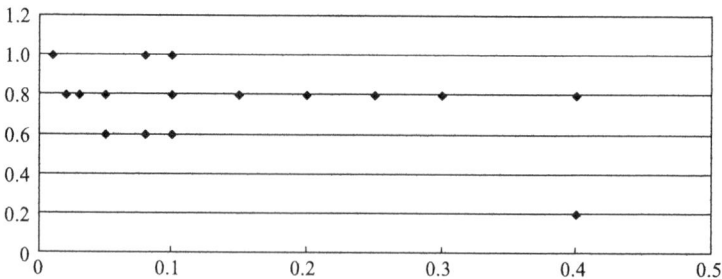

图 5 - 3　四个类别绘制象限

由图 5 - 3 可知，以竞争对手出现速度变量 X1 = 60% （一般），国内产业集中度 X2 = 30% 为界限，可将企业所处的动态环境分为四个象限，其中象限 I 中的企业处于典型的动态复杂环境，象限Ⅱ中的企业处于典型的动态简单环境，具体象限企业名称详见表5-4。

表5-4　企业动态简单（复杂）环境象限分类

象限Ⅰ		象限Ⅱ		象限Ⅲ		象限Ⅳ	
序号	企业名称	序号	企业名称	序号	企业名称	序号	企业名称
1	内蒙古自治区呼和浩特方舟有限责任公司	33	内蒙古食品总公司	37	内蒙古蒙牛乳业集团有限公司		
3	内蒙古自治区武川武皇酒业有限责任公司						
4	内蒙古自治区兴华机械制造厂						
5	内蒙古自治区天鸿生物科技有限公司						
7	内蒙古自治区晟纳吉光辅材料有限公司						
10	内蒙古自治区爱立特纺织有限公司						
18	内蒙古自治区意林食品						
23	内蒙古自治区鹿王羊绒（集团）公司						
31	神华准格尔能源有限公司						
35	鄂尔多斯江海旅行社						
48	包钢凯捷公司						
52	呼市新城区汇丰粮油有限责任公司						
55	内蒙古自治区名都房地产开发有限责任公司						
57	内蒙古自治区汉森葡萄酒业公司						
59	内蒙古自治区呼和浩特市富源商贸有限责任公司						
60	源龙源集团						

依据以上数据分析结果可确定本章详细调研的对象，即详细调研对象应包括全部21家典型处于动态简单环境企业（象限Ⅰ）中11家企业，具体名称见第三部分。

5.1.2　内蒙古自治区中小企业动态能力分析

（1）资料整理

围绕动态能力五个表征构面可观察要素收集资料，对企业进行访谈。以描述企业在某一发展阶段或在企业整个发展历程中的相关客观情况。对调查到的资料或收集的二手资料，可进行企业动态能力测评资料概括（见附录2）。

（2）问题测试

根据调查到的客观情况，进行以下两个方面的问题测试。

第一，企业在某一发展阶中的测试，是否能够识别外部机遇或困境、是否能够成功地调整或改变战略或战术、是否能够成功地获得新增产业成长领域或者成功地重新定位产品或服务或增加新产品、是否能够成功地进行外部或内部资源整合、是否能够成功地获取或加强竞争优势。

需要指出的是，企业在某一发展阶中若存在几次环境变化为企业带来不止一次的机遇或困境，那么根据调查到的客观情况回答的问题与"在企业整个发展历程中"的情况一致。

第二，企业在整个发展历程中的测试，能够识别外部机遇或困境有哪几次、能够成功地调整或改变战略或战术有哪几次、能够成功地获得新增产业成长领域或者成功地重新定位产品或服务或增加新产品有哪几次、能够成功地进行外部或内部资源整合有哪几次、能够成功地获取或加强竞争优势有哪几次。

（3）建立格特曼测试量表

结合上述测试，可得到格特曼测试量表的测试结果，见表5-5、表5-6。其中，表5-5运用于企业在某一发展阶中的测试，表5-6运用于企业在整个发展历程中的测试（包括企业在某一发展阶中出现一次以上机遇/困境的测试）。

表5-5　动态能力一次测评格特曼测试量

测试问题	测试可能结果					
	一	二	三	四	五	六
是否能够识别外部机遇/困境	×	√	√	√	√	√
是否能够成功地调整/改变战略或战术	×	×	√	√	√	√
是否能够成功地获得新增产业成长领域，或者成功地重新定位产品/服务或增加新产品	×	×	×	√	√	√

测试问题	测试可能结果					
	一	二	三	四	五	六
是否能够成功地进行外部/内部资源整合	×	×	×	×	√	√
是否能够成功地获取/加强竞争优势	×	×	×	×	×	√
结果分值标准	0	1	2	3	4	5

注：①"×"代表"否"，"√"代表"是"，下同；②资料来源：李兴旺：《动态能力理论的操作化研究：识别架构与形成机制》，经济科学出版社 2006 年版。

表 5 - 6　动态能力多次测评格特曼测试量

测试问题	测试可能结果				
	一	二	三	四	五
是否能够识别外部机遇/困境	√√	√√	√√	√√	√√
是否能够成功地调整/改变战略或战术	× ×	√√	√√	√√	√√
是否能够成功地获得新增产业成长领域，或者成功地重新定位产品/服务或增加新产品	× ×	× ×	√√	√√	√√
是否能够成功地进行外部/内部资源整合	× ×	× ×	× ×	√√	√√
是否能够成功地获取/加强竞争优势	× ×	× ×	× ×	× ×	√√
结果分值标准	1.1	2.1	3.1	4.1	5.5

注：①表中"√√"和"××"出现 2 次以上；②资料来源：李兴旺：《动态能力理论的操作化研究：识别架构与形成机制》，经济科学出版社 2006 年版。

（4）评价企业动态能力差异程度

根据建立动态能力测评评价标准（见表 5 - 7），其中，关于具有部分动态能力和部分显著动态能力的研究，是基于动态能力存在内部构成（即动态能力存在子能力）的假设。

表 5 - 7　动态能力测评评价标准

测试分值标准	0	1	2	3	4	1.1	2.1	3.1	4.1	5	5.5
动态能力水平	无动态能力	具有部分动态能力				部分动态能力显著				具有亚动态能力	具有显著动态能力

注：①为了能够区别动态能力的差异，对频率构面的测量尺度取等级尺度（Ordinal Scale）："一次"和"二次以上"。"一次"对应于表 5 - 2 的测试，"二次以上"对应于表 5 - 3 的测试；②资料来源：李兴旺：《动态能力理论的操作化研究：识别架构与形成机制》，经济科学出版社 2006 年版。

5.1.3　内蒙古自治区中小企业动态能力水平评价

通过对内蒙古自治区上万家中小企业中的 61 家进行的抽样调查，根据产业集中度的高低和新竞争对手出现速度的快慢，本书把企业所处环境分为动态简单环境和动态复杂环境。从 61 家企业中筛选出 21 家企业，其中有 1 家企业明显处于动态简单环境和有 19 家企业明显处于动态复杂环境。针对这 21 家企业，我们选取其中 11 家企业做了进一步的重点调查。分别从企业概况、动态能力的测评、动态能力特征和该企业动态能力影响因素分析四方面进行深入调查研究，对内蒙古中小企业动态能力的评价将根据调研结果从以下两个方面进行总结。

（1）内蒙古自治区中小企业动态能力分布情况

根据表 5 - 5、表 5 - 6、表 5 - 7 的动态能力测评方法，结合调研处理结果，可以得出内蒙古中小企业动态能力分布情况，见表 5 - 8。

表 5 - 8　内蒙古中小企业动态能力分布情况

测试分值标准	0	1	2	3	4	1.1	2.1	3.1	4.1	5	5.5
动态能力水平	无动态能力	具有部分动态能力				部分动态能力显著				具有亚动态能力	具有显著动态能力
被调查企业状况	0			1	3	0				7	0

从内蒙古自治区中小企业动态能力分布情况表看，本书所调查的内蒙古自治区 11 家典型企业中，有 7 家企业的动态能力的测试分值在 5 分以上，这表明内蒙古自治区中小企业约六成以上具有亚动态能力，企业能够在动态环境中进行调整和应对以适应环境变化。但面对环境变化，企业的反应程度和反应速度是不一样的，最后效果也是有很大区别的。另外有 4 家企业动态能力的测试值介于具有部分动态能力的范围，这意味着约有四成的企业动态能力不容乐观，亟须提升。

（2）内蒙古自治区中小企业动态能力的主要特征

前文已对中小企业是否存在动态能力及其水平或程度差异进行了判定，这还不能有效揭示中小企业之间在这一能力上的差异。对动态能力特征差异的识别，可以进一步解释不同企业之间动态能力的差异。中小企业动态能力特征差异识别构面的尺度可以从动态能力表征构面的各个细分构面展开分析，根据内蒙古自治区中小企业发展的基本特点，可以将动态能力表征构面划分为环境构面、战略或战术构面、产业或产品构面、资源结构构面、竞争优势构面五个表征构面，各个构面的类别尺度见表 5 - 9。

表 5 - 9　动态能力特征差异识别构面的尺度

动态能力表征构面	动态能力特征差异构面的类别尺度	被调查企业的动态能力特征（家）	所占比率（%）
环境构面	机遇型尺度：企业发展面临多机遇、少困境	8	72.72
	困境型尺度：企业发展面临少机遇、多困境	3	27.28
战略或战术构面	战略性反应型尺度：快速调整、改变战略	10	90.9
	战术性反应型尺度：快速调整、改变战术	1	9.1
产业或产品构面	创新型尺度：积极的实施自主创新	9	90
	模仿型尺度：实施模仿创新或不创新	1	10
资源结构构面	外部资源整合型尺度：以外部资源整合为主	7	70
	内部资源整合型尺度：以内部资源整合为主	3	30
竞争优势构面	竞争优势获取型尺度：能够获取更多竞争优势	7	70
	竞争优势加强型尺度：能够强化已有竞争优势	3	30

根据表 5 - 9 对被调查的 61 家中小企业动态能力表征构面的分析，结果有以下几个方面：

第一，环境构面中，约有 72.72% 的中小企业属于机遇型尺度，也即多机遇、少困境；27.28% 的中小企业属于困境型尺度，少机遇、多困境。对此，本书认为可能的原因有：一是随着内蒙古自治区经济的快速发展，尤其是 2003 年以来连续 9 年 GDP 增速位居全国第一，在这种大好发展环境下，中小企业的发展机遇日益增多；二是国家西部大开发战略的全面实施，以及 2007 年以来部署的主体功能区规划，对内蒙古自治区经济社会发展起到了支持促进的作用，这同样为内蒙古自治区中小企业发展提供了外在机遇；三是随着数字信息化技术的快速发展，内蒙古自治区中小企业信息化水平的提升，中小企业获得的发展机遇要明显快于过去；四是科教兴国战略的全面实施，为中小企业人才集聚提供了新的机遇；五是内蒙古自治区资源优势进一步凸显，为资源型中小企业提供了前所未有的发展机遇。

第二，战略或战术构面中，约有 90.9% 的中小企业属于战略性反应型尺度，不到一成的中小企业属于战术性反应型尺度。这表明，内蒙古自治区中小企业具有较强的战略调整、改变战略的能力，能够对企业资源、能力做出快速反应，意味着企业能够在外部环境快速变化的情况下做出决策，较强的环境适应能力。

第三，产业或产品构面中，约有 90% 的中小企业属于创新型尺度，10% 的中小企业属于模仿型尺度，以模仿为主。这表明，内蒙古自治区中小企业技术创新意识不断增强，积极进行自主创新的企业越来越多，即便不具备自主创新能力的企业，也意识到技术创新的重要性，加快实施模仿创新。但是调研过程中，我们发现不少地方民族企业并不创新，而是以保持民族特色为指导，坚持产品的民族性、地域性特色，然而，这类企业有一部分获得了持续发展，有一部分却面临破产倒闭。如何发挥内蒙古自治区民族企业的优势，在复杂多变的市场环境下生存，将是这类企业动态能力研究的难点和热点问题。

第四，资源结构构面中，约有70%的中小企业属于外部资源整合型尺度，以企业外部资源整合为主；仅30%的中小企业以内部资源整合为主。这表明，内蒙古中小企业仍过于关注企业内部资源结构，对于企业外部资源的关注还不够，同时也表明，内蒙古自治区中小企业在资源结构构面中不能做到，将企业内部资源和外部资源综合起来考虑，重构企业资源结构，这也是内蒙古自治区中小企业动态能力水平不高的主要原因之一。

第五，竞争优势构面中，内蒙古自治区约有70%的中小企业属于竞争优势获取型尺度，能够获取新的、更多的竞争优势，约有30%的中小企业属于竞争优势加强型尺度，能够强化原有竞争优势。这表明，内蒙古自治区中小企业具有较强的竞争优势获取、维持能力，这也是内蒙古自治区中小企业动态能力形成的重要表现。企业动态能力越强，其获得、维持竞争优势的可能性越大，企业就越能在竞争环境中获得生存，实现可持续成长。

（3）调查企业动态能力表征构面分析

通过对11家企业的动态能力表征构面深入调查，利用格特曼测试量表得到如下结果：在被调查的11家企业中，有1家具有部分动态能力，8家具有亚动态能力，2家具有显著动态能力。

进一步对这些企业动态能力的特征进行分析，从其构成我们可以发现，大多数企业的动态能力特征集中于面对外部出现的机遇，能够调整和改变自身的战略，进行产品的创新和新产业的开发，利用外部的资源进行整合，进而获取新的竞争优势。以内蒙古自治区汉森葡萄酒业有限公司动态能力表征构面分析为例，见表5-10。

表5-10   内蒙古汉森葡萄酒业有限公司动态能力识别

动态能力表征构面		公司相关情况概括
构面名称	可观察要素	
环境构面	识别机遇/困境	困境一：受全球经济危机影响 困境二：前段时间粮食价格、包装成本、运输成本等的上涨，使企业面对"成本剧增、需求不振"的双重压力 机遇一：葡萄酒近几年呈现出良好的发展态势，成为酒类行业中的朝阳产业 机遇二：专业的营销与推广模式是企业品牌提升的主要途径

续表

动态能力表征构面		公司相关情况概括
构面名称	可观察要素	
战略/战术构面	调整/改变战略或战术	战略：制定了本公司"十一五"战略规划，同时制定销售战略
产业/产品（服务）构面	重新定位产品/业务（或增加新产品）或者获得新增产业成长领域	与法国 COMTAT 葡萄苗圃有限公司合资成立乌海共达苗圃有限公司，实施有机葡萄种植和管理。并以"公司＋基地＋农户"的经营模式，带动周边地区农户及企业种植葡萄 3 万亩。在内蒙古西部地区启动了百万亩葡萄产业项目，2008 年计划种植葡萄 5000 亩。从西班牙和意大利引进葡萄加工设备和流水灌装线，采用国际先进的加工工艺，造就"汉森"葡萄酒的高贵品质
资源结构构面	针对战略/战术和产品/产业的变化所进行资源结构调整/改变	提高员工学历，强化员工专业技能培训，继续加大人才招聘工作
竞争优势构面	获取/加强竞争优势	在葡萄酒行业初步获得竞争优势

注：表中资料为作者整理所得。

5.2　汉森葡萄酒业有限公司动态能力识别与评价

5.2.1　汉森葡萄酒业有限公司简介

造酒行业是内蒙古自治区的传统产业之一，内蒙古汉森葡萄酒业有限公司作为造酒行业的中型企业对于研究传统行业中小企业动态能力具有较强的代表性，因此将其作为典型案例进行深入研究。内蒙古自治区汉森葡萄酒业有限公司位于内蒙古自治区西部乌海市，成立于 2001 年 3 月，注册资本 23000 万元。年葡萄酒生产能力 2 万吨，自有葡萄种植基地 1 万亩。现有员工 296 人，是集养殖、育苗、有机葡萄种植、有机葡萄酒加工、销售、进出口贸易为一体的循环经济企业，是乌海市农牧业产业化龙头企业、自治区扶贫龙头企业。"汉森"葡萄酒品质出众，在第二届亚洲葡萄酒质量大赛上获得金奖，中国国际林业产业博览会上评为金奖，已被认定为有机食品和绿色食品（AA 级），是自治区著名商标。公司被评为 2007 年内蒙古自治区民营企业 100 强、乌海市首届十佳企业，2008 年度成为国家农业龙头企业。

十年来，汉森酒业在贺兰山北麓的乌兰布和沙漠上开辟了10万亩有机葡萄种植基地，引进法国优质酿酒葡萄苗木，利用以色列滴灌技术和黄河水资源，建成了国家级"标准化酿酒葡萄种植示范基地"。

汉森酒业以国际上先进的酿酒技术与设备为基础，以有机健康的葡萄酒事业为平台，汇集了一批国内外优秀的酿酒师、品酒师、葡萄种植专家和工程师、技术员团队。目前汉森酒业的年生产能力为2万吨，为内蒙古自治区最大的葡萄酒生产企业。

汉森酒业始终坚持科学发展与可持续发展为理念，倡导循环经济与低碳经济模式，在乌海高效农业园区和宁夏红寺堡区分别建立了"3+1模式"的国际化酒庄。这里不仅是高档葡萄酒的生产基地，还是葡萄酒主题休闲农业、红酒文化观光旅游和现代文化产业的平台。2011年，乌海市的汉森酒庄被命名为"国家AAA级旅游景区"及"全国休闲农业试验示范区"。

5.2.2　汉森葡萄酒业有限公司动态能力识别

（1）以格特曼测试量表进行动态能力测评

根据本研究的动态能力评价标准，内蒙古自治区汉森葡萄酒业有限公司具有全部动态能力特征，见表5-11。

表5-11　汉森葡萄酒业有限公司动态能力特征

测试问题	测试结果
是否能够识别外部机遇/困境	√
是否能够成功地调整/改变战略或战术	√
是否能够成功地获得新增产业成长领域，或者成功地重新定位产品/服务或增加新产品	√
是否能够成功地进行外部/内部资源整合	√
是否能够成功地获取/加强竞争优势	√
测试值	5

（2）汉森葡萄酒业有限公司的动态能力特征识别

动态能力是企业持续竞争力的源泉，存在这样的一组命题：企业动态能力中以感知能力与攫取能力最为关键；企业要想提升动态能力，必须重构传统的组织结构，采用一线经理员工直接赋权的组织结构；而要真正实现动态能力提升，除了重构传统的组织结构外，还应该嵌入创新性的管理控制系统，通过调研访谈、调查问卷、内部资料搜集、公开信息资源等途径，对海尔集团自主经营体探索型案例展开了研究，结果发现，在外部环境发生动态变化过程中，海尔集团自创的自主经营体能较好驱动动态能力提升，该管理机制对于那些以创新为主导的企业动态能力提升提供了有益启示（戴天婧等，2012）。根据"动态能力特征差异的识别方法"，对汉森葡萄酒业有限公司的动态能力特征作如下分析：

从环境构面分析，汉森葡萄酒业有限公司面临着大好机遇，葡萄酒近几年呈现出良好的发展态势，成为酒类行业中的朝阳产业，葡萄酒行业的发展前景是非常广阔的。而在几年的发展中，汉森葡萄酒业有限公司能够在行业中站稳脚跟，是因为整个行业发展的良好机遇，因而属于机遇型动态能力。

从战略/战术构面分析，汉森葡萄酒业有限公司制定了本公司"十一五"战略规划，同时制定了销售战略。虽然战略的制定属于中等水平，执行力也不高，但是仍然为企业带来了竞争优势，属于战略反应型动态能力。

从产业/产品（服务）构面分析，与法国COMTAT葡萄苗圃有限公司合资成立乌海共达苗圃有限公司，实施有机葡萄种植和管理。并以"公司＋基地＋农户"的经营模式，带动周边地区农户及企业种植葡萄3万亩。在内蒙古自治区西部地区启动了百万亩葡萄产业项目，2008年种植葡萄5000亩。从西班牙和意大利引进葡萄酒加工设备和流水灌装线，采用国际先进的加工工艺，造就"汉森"葡萄酒的高贵品质。该公司属于创新型动态能力。

从资源结构构面分析，公司以"公司＋基地＋农户"的经营模式，初步获得了成功。通过纵向一体化稳定了上下游业务关系，有利于控制与协调，使得各个环节更为紧密配合，确保了供给和需求，增强了企业讨价还价的能力，大大提高企业的整体效率。该企业以对外部资源整合为主，属于外部资源型动态能力。

从竞争优势构面分析，在第二届亚洲葡萄酒质量大赛上获得金奖，中国国际林业产业博览会上评为金奖，已被认定为有机食品和绿色食品（AA级），是自治区著名商标。公司被评为2007年内蒙古自治区民营企业100强、乌海市首届十佳企业，2008年度国家农业龙头企业，企业已经初步获得了竞争优势，属于竞争优势加强型动态能力。

5.2.3　汉森葡萄酒业有限公司动态能力静态评价分析

（1）指标数据与计算

李兴旺（2006）沿袭能力解释能力的模式，将动态能力的内涵指向了环境洞察能力、价值链配置与整合能力、资源配置与整合能力。贺小刚（2006）则从企业学习能力的角度给出了其定义，主要包括企业组织学习、组织变革、组织柔性、战略隔绝、市场定位五个维度，并以国内 29 家企业为实证研究对象，对企业动态能力进行了测量，对其功效及作用机理进行了探讨。揭筱纹和钟国（2009）在贺小刚五维度的基础上扩展了制度支持机制，利用泰国企业的实证数据，采用因子分析法对动态能力进行了测量研究。摒弃过去能力解释能力的怪圈，将动态能力的内涵界定为一种适应机制，其构成要件有机会识别能力、整合重构能力、技术和组织柔性能力三个方面（焦豪，2011）。结合前文的分析与汉森葡萄酒业有限公司的动态能力发展特点，现给出评价该企业动态能力的指标体系，见表 5－12。

表 5－12　汉森葡萄酒业有限公司动态能力评价指标体系

目标层 A	主准则层 B	分准则层 C
企业动态能力 A	技术能力 B1	技术创新能力 B1C1
		技术延展能力 B1C2
		技术应用能力 B1C3
	环境能力 B2	市场拓展能力 B2C1
		市场营销能力 B2C2
	管理能力 B3	战略管理能力 B3C1
		人力资源管理能力 B3C2
		组织界面管理能力 B3C3
		危机管理能力 B3C4
	变革响应能力 B4	管理人员素质能力 B4C1
		决策有效性 B4C2
		管理者变革能力 B4C3

根据表 5－12 所列的指标体系，对汉森葡萄酒业有限公司进行调查。根据研究需要，选取 60 位中层管理人员和对该公司较为熟悉的专家作为调查对象，并发放富有企业动态能力的含义、识别特征的含义、评分标准以及评价表等内容。对于部分定量指标的打分，参阅了企业的财务报表、人力资源管理公告等数据，参与打分的人员对指标的认识存在一定偏差与差异，打分必然会出现多样性。全部调查表回收共 48 份，抛开不完整问卷、回答明显有误问卷、重复问卷等瑕疵表格后，有效评价表共 40 份，有效回收率 66.7%，基本满足分析需求。对回收的有效评价表进行整理测算得出各个具体指标数据，见表 5－13。

表 5 – 13　汉森葡萄酒业有限公司各指标测算

动态能力指标		强	较强	一般	弱
技术创新能力	隶属问卷数	8	16	8	8
	隶属度	0.2	0.4	0.2	0.2
技术延展能力	隶属问卷数	8	17	11	4
	隶属度	0.2	0.44	0.26	0.1
技术应用能力	隶属问卷数	16	20	4	0
	隶属度	0.4	0.5	0.1	0
市场拓展能力	隶属问卷数	8	12	12	8
	隶属度	0.2	0.3	0.3	0.2
市场营销能力	隶属问卷数	6	11	12	11
	隶属度	0.18	0.26	0.3	0.26
战略管理能力	隶属问卷数	1	3	29	7
	隶属度	0.02	0.06	0.74	0.18
人力资源管理能力	隶属问卷数	8	12	16	4
	隶属度	0.2	0.3	0.4	0.1
组织界面管理能力	隶属问卷数	0	3	21	16
	隶属度	0	0.06	0.54	0.4
危机管理能力	隶属问卷数	0	1	28	11
	隶属度	0	0.04	0.7	0.26
管理人员素质	隶属问卷数	1	1	32	6
	隶属度	0.02	0.04	0.8	0.14
决策有效性	隶属问卷数	9	16	11	4
	隶属度	0.22	0.4	0.28	0.1
管理者变革能力	隶属问卷数	13	20	4	3
	隶属度	0.34	0.5	0.1	0.06

注：表中数据由隶属各评语的问卷数整理得到。

得出各指标相对评语集 M = ｛强，较强，一般，弱｝ 的隶属度分别为：

技术创新能力 = ｛0.2，0.4，0.2，0.2｝；技术延展能力 = ｛0.2，0.44，0.26，0.1｝；

技术应用能力 = ｛0.4，0.5，0.1，0｝；市场拓展能力 = ｛0.2，0.3，0.3，0.2｝；

市场营销能力 = ｛0.18，0.26，0.3，0.26｝；战略管理能力 = ｛0.02，

102　　　内蒙古自治区中小企业动态能力研究

0.06, 0.74, 0.18};

人力资源管理能力 = {0.2, 0.3, 0.4, 0.1}；组织界面管理能力 = {0, 0.06, 0.54, 0.4}；

危机管理能力 = {0, 0.04, 0.7, 0.26}；管理人员素质 = {0.02, 0.04, 0.8, 0.14}；

决策有效性 = {0.22, 0.4, 0.28, 0.1}；管理者变革能力 = {0.34, 0.5, 0.1, 0.06}。

（2）模糊综合评价。

根据专家评分法与 AHP 分析方法，可得出分准则层对主准则层的权重向量：

$N_1 = (N_{11}, N_{12}, N_{13}) = (0.4, 0.3, 0.3)$

$N2 = (N_{21}, N_{22}) = (0.4, 0.6)$

$N_3 = (N_{31}, N_{32}, N_{33}, N_{34}) = (0.2, 0.3, 0.3, 0.2)$

$N_4 = (N_{41}, N_{42}, N_{43}) = (0.2, 0.4, 0.4)$

同理可得出主准则层对目标层的权重向量：

$A = (A_1, A_2, A_3, A_4) = (0.25, 0.3, 0.15, 0.3)$

利用模糊统计法可得到三级指标隶属于评语集的隶属度，并由此构造评价矩阵：

$$R_1 = \begin{pmatrix} 0.2 & 0.4 & 0.2 & 0.2 \\ 0.2 & 0.44 & 0.26 & 0.1 \\ 0.4 & 0.5 & 0.1 & 0 \end{pmatrix}$$

$$R_2 = \begin{pmatrix} 0.2 & 0.3 & 0.3 & 0.2 \\ 0.18 & 0.26 & 0.3 & 0.26 \end{pmatrix}$$

$$R_3 = \begin{pmatrix} 0.02 & 0.06 & 0.74 & 0.18 \\ 0.2 & 0.3 & 0.4 & 0.1 \\ 0 & 0.06 & 0.54 & 0.4 \\ 0 & 0.04 & 0.7 & 0.26 \end{pmatrix}$$

$$R_4 = \begin{pmatrix} 0.02 & 0.04 & 0.8 & 0.14 \\ 0.22 & 0.4 & 0.28 & 0.1 \\ 0.34 & 0.5 & 0.1 & 0.06 \end{pmatrix}$$

$$B_1 = N_1 \cdot R_1 = (0.4, 0.3, 0.3) \cdot \begin{pmatrix} 0.2 & 0.4 & 0.2 & 0.2 \\ 0.2 & 0.44 & 0.26 & 0.1 \\ 0.4 & 0.5 & 0.1 & 0 \end{pmatrix} = (0.12, 0.16,$$

0.08, 0.08)（这里取算子为 $M(\cdot, \vee)$）。

归一化的处理结果为(0.28, 0.36, 0.18, 0.18)。

据此，可以计算出技术能力综合得分为 $0.28 \times 90 + 0.36 \times 70 + 0.18 \times 50 + 0.18 \times 20 = 63$。

$$B_2 = N_2 \cdot R_2 = (0.4, 0.6) \cdot \begin{pmatrix} 0.2 & 0.3 & 0.3 & 0.2 \\ 0.18 & 0.26 & 0.3 & 0.26 \end{pmatrix} = (0.108, 0.156, 0.18, 0.156)$$

归一化的处理结果为 $(0.18, 0.26, 0.3, 0.26)$。

据此，可以计算出环境能力综合得分为 $0.18 \times 90 + 0.26 \times 70 + 0.3 \times 50 + 0.26 \times 20 = 54.6$。

$$B_3 = N_3 \cdot R_3 = (0.2, 0.3, 0.3, 0.2) \cdot \begin{pmatrix} 0.02 & 0.06 & 0.74 & 0.18 \\ 0.2 & 0.3 & 0.4 & 0.1 \\ 0 & 0.06 & 0.54 & 0.4 \\ 0 & 0.04 & 0.7 & 0.26 \end{pmatrix} = (0.06, 0.09, 0.162, 0.12)$$

归一化的处理结果为 $(0.14, 0.2, 0.38, 0.28)$。

据此，可以计算出管理能力综合得分为 $0.14 \times 90 + 0.2 \times 70 + 0.38 \times 50 + 0.28 \times 20 = 51.2$。

静态层指标综合得分为：

$$(0.25, 0.3, 0.15) \cdot \begin{pmatrix} 0.12 & 0.16 & 0.08 & 0.08 \\ 0.108 & 0.156 & 0.18 & 0.156 \\ 0.06 & 0.09 & 0.162 & 0.12 \end{pmatrix} = (0.0324, 0.0468, 0.054, 0.0468)$$

归一化的处理结果为 $(0.18, 0.26, 0.3, 0.26)$。

据此，可以计算出变革能力综合得分为 $0.18 \times 90 + 0.26 \times 70 + 0.3 \times 50 + 0.26 \times 20 = 54.6$，隶属于等级一般。

发展层指标为：

$$B_4 = N_4 \cdot R_4 = (0.2, 0.4, 0.4) \cdot \begin{pmatrix} 0.02 & 0.04 & 0.8 & 0.14 \\ 0.22 & 0.4 & 0.28 & 0.1 \\ 0.34 & 0.5 & 0.1 & 0.06 \end{pmatrix} = (0.136, 0.2, 0.16, 0.04)$$

归一化的处理结果为 $(0.254, 0.373, 0.3, 0.073)$。

据此，可以计算出变革能力综合得分为 $0.254 \times 90 + 0.373 \times 70 + 0.3 \times 50 + 0.073 \times 20 = 65.4$，隶属于等级较强。

汉森葡萄酒业有限公司动态能力指标综合得分为：

$$B = A \cdot R = (0.25, 0.3, 0.15, 0.3) \cdot \begin{pmatrix} 0.12 & 0.16 & 0.08 & 0.08 \\ 0.108 & 0.156 & 0.18 & 0.156 \\ 0.06 & 0.09 & 0.162 & 0.12 \\ 0.136 & 0.2 & 0.16 & 0.04 \end{pmatrix} =$$

$(0.0408, 0.06, 0.054, 0.0468)$

归一化的处理结果为$(0.2, 0.3, 0.27, 0.23)$。

据此，可以计算出综合得分为 $0.2 \times 90 + 0.3 \times 70 + 0.27 \times 50 + 0.23 \times 20 = 57.1$，隶属于等级一般。从以上综合评价看，汉森葡萄酒业有限公司除变革能力隶属等级较强外，其他能力都一般，这也是导致公司动态能力一般的主要原因。

5.2.4　汉森葡萄酒业有限公司动态能力动态评价分析

动态能力不是固定不变的，时刻保持演化状态。当汉森葡萄酒业有限公司面临的外部环境发生变化，或者汉森葡萄酒业有限公司内部因管理者经营管理不善，企业动态能力都将发生波动变化，这也是动态能力的基本特质。当然，这些内外部变化都是指向不利于企业成长的一面，企业内外部环境朝向企业好的一面发展时，企业动态能力也将发生波动。总的说来，企业动态能力的波动与环境波动密切相关，现实生活中，环境的波动无时无刻不在进行着。因此，动态能力形成与演进也随时发生。

马尔可夫链是马尔可夫过程的一种新的预测方法，被广泛应用于工程、经济评价领域。被评价的对象是一个无记忆的、完全随机的过程，这与企业动态能力的形成与演变过程的随机性相契合（范新华，2011）。因此，本书选取马尔可夫链模型对汉森葡萄酒业有限公司动态能力进行动态评价分析。

（1）模型与数据

马尔可夫链模型对随机对象具有较好的预测功能。设随机时间序列$\{X(n),$ $n = 0, 1, 2, \cdots\}$的离散状态空间为E，若对任意非负整数n_1, n_2, $Ln_m (0 \leqslant n_1 < n_2 L < n_m)$、任意自然数$k$以及任意$l_1$, l_2, Ll_m, $j \in E$，满足以下关系：

$P\{X(x_m + k) = j \mid X(n_1) = l_1, X(n_2) = l_2, LX(n_m) = l_m\} = P\{X(x_m + k) = j \mid X(n_m) = l_m\}$，则称$\{X(n), n = 0, 1, 2L\}$为马尔可夫链。

由定义可知，$P\{X(0) = i_0, X(1) = i_1, X(2) = i_2, LX(n) = i_n\} = P\{X(n) = i_n \mid X(n-1) = i_{n-1}\} \cdot P\{X(n-1) = i_{n-1} \mid X(n-2) = i_{n-2}LP\{X(1) = i_1 \mid X(0) = i_0\} \cdot P\{X(0) = i_0\}$称$P\{X(n+k) = j_n \mid X(n) = l\}$为马尔可夫链在$n$时刻的$k$步转移概率。

当$k = 1$时，马尔可夫链的一步转移概率可记为P_{ij}（从状态i经一步转移到状态j的概率）。如果$P\{X(n+1) = j \mid X(n) = l\} = P_{lj}$，即从$l$状态转移到$j$状态的

概率与 n 无关，则称这类马尔可夫链为齐次马尔可夫链。

显然，它满足以下两个性质：① $0 \leq P_{lj} \leq 1$（l，$j = 0$，1，2，L）；② $\sum\limits_{j} P_{lj} = 1$（$l = 1$，2，3，$L$）。

由表 5 - 12 可知，汉森葡萄酒业有限公司动态能力由技术能力、环境能力、管理能力、变革响应能力四个维度构成。根据马尔可夫链预测模型的特点，对汉森葡萄酒业有限公司的调查分为两次，两次调查间隔时间为一年。根据第一次调查静态评价的结果可知，汉森葡萄酒业有限公司四个主准则层所得分值分别为：63，54.6，51.2，65.4。间隔一年以后，对汉森葡萄酒业有限公司进行第二次调查，按照与第一次调查同样的方法进行数据统计与整理。

就汉森葡萄酒业有限公司技术能力而言，第一次调查认为"强"的人员中第二次出现了明显的分化，依次认为强、较强、一般、弱的人员的比重变为 0.5、0.2、0.2、0.1；第一次调查认为"较强"的人员中第二次调查也出现了明显的分化，依次认为强、较强、一般、弱的人员的比重变为 0.3、0.4、0.2、0.1；第一次调查认为"一般"的人员中第二次调查同样出现了明显的分化，依次认为强、较强、一般、弱的人员的比重变为 0.2、0.2、0.3、0.3；第一次调查认为"弱"的人员中第二次调查也出现了明显的分化，依次认为强、较强、一般、弱的人员的比重变为 0.1、0.2、0.2、0.5。

就环境能力而言，第一次调查认为"强"的人员中第二次调查出现了明显的分化，依次认为强、较强、一般、弱的人员的比重变为 9/16、7/32、5/32、1/16；第一次调查认为"较强"的人员中第二次调查也出现了明显的分化，依次认为强、较强、一般、弱的人员的比重变为 5/16、8/16、1/8、1/16；第一次调查认为"一般"的人员中第二次调查同样出现了明显的分化，依次认为强、较强、一般、弱的人员的比重变为 1/32、7/16、15/32、1/16；第一次调查认为"弱"的人员中第二次调查也出现了明显的分化，依次认为强、较强、一般、弱的人员的比重变为 0、1/32、1/2、15/32。

就技术能力而言，第一次调查认为"强"的人员中第二次出现了明显的分化，依次认为强、较强、一般、弱的人员的比重变为 0.1、0.2、0.3、0.4；第一次调查认为"较强"的人员中第二次调查也出现了明显的分化，依次认为强、较强、一般、弱的人员的比重变为 0.2、0.3、0.4、0.1；第一次调查认为"一般"的人员中第二次调查同样出现了明显的分化，依次认为强、较强、一般、弱的人员的比重变为 0.1、0.2、0.5、0.2；第一次调查认为"弱"的人员中第二次调查也出现了明显的分化，依次认为强、较强、一般、弱的人员的比重变为 0.2、0.3、0.2、0.3。

就技术能力而言，第一次调查认为"强"的人员中第二次出现了明显的分化,依次认为强、较强、一般、弱的人员的比重变为 0.2、0.2、0.3、0.3;第一次调查认为"较强"的人员中第二次调查也出现了明显的分化,依次认为强、较强、一般、弱的人员的比重变为 0.1、0.2、0.2、0.5;第一次调查认为"一般"的人员中第二次调查同样出现了明显的分化,依次认为强、较强、一般、弱的人员的比重变为 0.1、0.2、0.3、0.4;第一次调查认为"弱"的人员中第二次调查也出现了明显的分化,依次认为强、较强、一般、弱的人员的比重变为 0.1、0.3、0.2、0.4。

(2) 评价过程与结果分析

根据第二次对汉森葡萄酒业有限公司技术能力调查的这些数据,可以构建汉森葡萄酒业有限公司动态能力技术能力状态迁移矩阵,即:

$$p = \begin{pmatrix} 0.5 & 0.2 & 0.2 & 0.1 \\ 0.3 & 0.4 & 0.2 & 0.1 \\ 0.2 & 0.2 & 0.3 & 0.3 \\ 0.1 & 0.2 & 0.2 & 0.5 \end{pmatrix}$$

由此,第二次调查时技术能力相对于评语集 V 的概率分布为:

$$(0.12, \ 0.16, \ 0.08, \ 0.08) \cdot \begin{pmatrix} 0.5 & 0.2 & 0.2 & 0.1 \\ 0.3 & 0.4 & 0.2 & 0.1 \\ 0.2 & 0.2 & 0.3 & 0.3 \\ 0.1 & 0.2 & 0.2 & 0.5 \end{pmatrix} = (0.132, \ 0.12,$$

$0.096, 0.092)$

当汉森葡萄酒业有限公司的技术能力迁移处于动态平衡时,各状态的比率为 π_0,π_1,π_2,π_3,极限分布为:

$\pi = (\pi_0, \ \pi_1, \ \pi_2, \ \pi_3)$,处于动态平衡时有 $\pi = \pi\, p$,即:

$0.5\pi_0 + 0.3\pi_1 + 0.2\pi_2 + 0.1\pi_3 = \pi_0$

$0.2\pi_0 + 0.4\pi_1 + 0.2\pi_2 + 0.2\pi_3 = \pi_1$

$0.2\pi_0 + 0.2\pi_1 + 0.3\pi_2 + 0.2\pi_3 = \pi_2$

$0.1\pi_0 + 0.1\pi_1 + 0.3\pi_2 + 0.5\pi_3 = \pi_3$

$\pi_0 + \pi_1 + \pi_2 + \pi_3 = 1$

解得 $\pi_0 = \dfrac{31}{108}$　$\pi_1 = \dfrac{1}{4}$　$\pi_2 = \dfrac{2}{9}$　$\pi_3 = \dfrac{13}{54}$

基于此,长期来看,汉森葡萄酒业有限公司的技术能力为"强"的可能性最大。同理,可以预测汉森葡萄酒业有限公司的环境能力、管理能力与变革能力。根据第二次调查数据以及马尔可夫链模型,测算出长期内环境能力为"较强"的可能性较大,管理能力为"一般"的可能性较大,变革能力为"弱"的可能性较大。

从汉森葡萄酒业有限公司动态能力动态评价结果看，该公司应该加强管理能力与变革能力建设，着重加强公司变革能力建设，提升公司动态能力。作为一个传统行业的中小企业，汉森葡萄酒业有限公司技术能力与环境能力相对较强，管理能力与变革能力相对较弱，这与公司管理人员人力资本水平较低有直接关系，由于管理人员人力资本水平较低直接导致战略管理能力、人力资源管理能力、应对突发事件的能力、管理者革新能力等能力不强，人力资本水平是管理能力与革新能力建设的"瓶颈"因素。汉森葡萄酒业有限公司应该实施积极的人力资本投资战略，同时适当引进高层次、复合型的管理人才，提升公司人力资本水平，为公司动态能力建设提供保障。加强公司信息化水平建设，提升公司对环境变动的响应能力。

此外，汉森葡萄酒业有限公司也可以根据本书提供的实证方法对公司动态能力水平与形成演化状态进行动态监测与评价，为公司战略管理基于集聚竞争优势提供助力。

5.3 本章小结

本章着重对内蒙古自治区中小企业动态能力水平进行了评价，并选取汉森葡萄酒业有限公司作为研究案例，对汉森葡萄酒业有限公司动态能力的识别与评价进行了多视角的实证研究，印证了前文有关中小企业动态能力的部分理论观点，为提升内蒙古自治区中小企业动态能力水平提供了实证依据。

依据研究需要，随机选取了内蒙古自治区61家中小企业作为研究对象，结合调查问卷的结果对数据采用聚类分析的方法进行整理，对内蒙古自治区中小企业动态能力发展水平、发展主要特征进行了实证研究。结果发现，内蒙古自治区中小企业约60%以上具有亚动态能力，企业能够在动态环境中进行调整和应对以适应环境变化，约有四成的企业具有部分动态能力，亟须提升；约有72.72%的中小企业属于多机遇、少困境的机遇型尺度，约有90.9%的中小企业属于战略性反应型尺度，约有90%的中小企业属于积极自主创新的创新型尺度，约有70%的中小企业属于外部资源整合型尺度，以企业外部资源整合为主，约有70%的中小企业属于竞争优势获取型尺度，能够获取新的、更多的竞争优势。

内蒙古自治区汉森葡萄酒业有限公司作为造酒行业的中型企业对于研究传统行业中小企业动态能力具有较强的代表性。在对汉森葡萄酒业有限公司动态能力进行识别过程中，发现环境构面属于机遇型动态能力、战略/战术构面属于战略反应型动态能力、产业/产品（服务）构面属于创新型动态能力、资源结构构面属于外部资源型动态能力、竞争优势构面属于竞争优势加强型动态能力，整体而言，汉森葡萄酒业有限公司动态能力水平较高。对汉森葡萄酒业有限公司动态能力进行静态评价后，发现汉森葡萄酒业有限公司除变革能力隶属等级较强外，其他能力都一般，整体能力隶属等级一般。对汉森葡萄酒业有限公司动态能力进行动态评价后，发现在长期汉森葡萄酒业有限公司技术能力与环境能力相对较强，环境能力、管理能力与变革能力依次为"较强"、"一般"、"弱"。管理能力与变革能力相对较弱这与公司管理人员人力资本水平较低有直接关系，由于管理人员人力资本水平较低直接导致战略管理能力、人力资源管理能力、应对突发事件的能力、管理者革新能力等能力不强，人力资本水平是管理能力与革新能力建设的"瓶颈"因素。

第6章

内蒙古自治区中小企业动态能力的培育

6.1 加强中小企业动态能力动力机制建设

6.1.1 强化动态能力动力机制建设

动力机制是企业动态机制形成的先决条件，也是中小企业动态能力形成的内在动力。如前所述，动力机制是企业内外部环境共同作用下形成的，与激励制度、企业家精神、创新体系、企业文化密切相关。强化动态能力动力机制关键是要打造先进的企业文化、设计科学合理的激励制度、建立高效的创新体系、培育企业家精神，形成一个系统推进企业动态能力形成和演化的动力机制。

（1）重塑企业文化

先进的企业文化的培育是强化动态能力动力机制的一个支撑性环节。先进的文化能够重塑企业形象、员工心理，提升企业的凝聚力与向心力，减少内耗。实践证明，先进的企业文化能够提升企业适应外部环境变化的能力，对企业经营管理绩效也能产生积极的影响（王核成，2010）。企业先进文化的培育却是非常困难的，一般会耗费大量的时间与精力，是一个旷日持久的、复杂的系统工程。事实上，先进的企业文化的内涵较为丰富，但主题往往较为突出，如学习型企业文化、创新型企业文化等。

通过打造先进的企业文化来强化动态能力动力机制的首要任务是塑造企业发展理念，重点任务是打造企业核心价值观，这一切又必须在一个较为宽松融洽的企业环境下完成实现。根据内蒙古自治区中小企业发展特点，应从以下两个方面来打造先进的企业文化。

第一，构建良好的共同愿景。企业共同愿景是企业凝聚力与向心力的源泉，是先进的企业文化建设的前提条件，在整个企业文化建设中起到一个统驭全局的作用（蔡树堂，2011）。良好的共同愿景应涵盖企业发展的共同目标、企业核心价值观、企业发展理念等核心内容，这是将企业员工个体发展愿景、价值观同企业发展高度融合统一的关键，能够有效激发并提升员工的积极性、主动性、创造性等主观能动性，提升企业动态能力。

第二，树立责任意识。企业要保持发展活力，每一个员工都应保持一种高度的责任意识。责任意识是企业员工基于企业岗位职责基本要求的企业发展意识的自觉体现。只有每一个员工时刻心存这种企业成长发展的责任意识，才会激发起高度的危机感与使命感，让员工时刻保持警觉，提升其对企业内部和外部环境变化的响应能力。这些都是促进企业动态能力提升的动力要素，也是强化企业动态能力动力机制建设的基本内容。

（2）设计科学合理的激励制度

企业激励制度存在的根本目的是诱导员工树立正确的工作动机，科学合理的激励制度是实现组织目标与个人发展的双赢保障。但是制度作为一把"双刃剑"，本身具有两面性，如何规避不利的一面而放大有利的一面是每一个制度设计者应该重点关注的问题。

设计科学合理的激励制度来强化动态能力动力机制、学习机制和匹配机制，应该注意以下几个问题：一是保持制度的公平、公正，激励制度设计过程中应以全体员工的切身利益为根本出发点，求同存异。二是要将绩效考核制度与激励制度有机融合，使这种常规的企业管理行为演变为一种自觉的自我努力工作的意识，成为每一个员工积极进取的不竭动力，让员工在尊重需求、自我实现中成长发展，激发员工内心的归属感，提升企业的凝聚力与向心力。三是激励制度应该动态与静态相结合，动态关注企业员工的工作需求与质量状况，及时对企业突发事件做出响应，同时一些基本的激励制度应该坚持下来，作为稳定企业成长发展的基石长期不变。四是激励制度应该正激励与负激励相结合，过去中小企业制定的激励制度往往是正激励占据全部内容，负激励较少涉及，正激励对员工有积极的作用，却不能惩罚部分员工的消极行为甚至是恶意行为造成的负面影响（张军等，2012）。因此，设计正激励与负激励相结合的激励制度尤为必要，但是在整个激励制度体系中，正激励与负激励的比例该如何设计也是摆在设计者面前的一个难题。中小企业应该根据企业性质、员工素质、企业成长发展、企业文化特点等综合考虑二者的比例，坚持静态与动态相结合、制度内与制度外相结合。

（3）完善创新体系

创新对于企业成长发展至关重要，是企业动态能力提升不竭的动力源泉。建立高效的创新体系来强化中小企业动态能力动力机制，应该从以下几个方面着力：

首先，构建适合企业自身发展的创新体系。一般而言，创新包括的内容较为宽泛，从大的方向看，创新包括管理创新、制度创新、技术创新、流程创新、市场创新、观念创新、战略创新，一个完整的创新体系涉及的内容也因此而繁多庞杂，对于中小企业而言，这些内容不可能全部都纳入创新体系。中小企业可控资源极为有限，所以应选取部分重要的、紧迫的创新项目作为企业创新体系建设的主体。

其次，建立稳定增长的创新投入机制。创新投入是影响并决定创新绩效的关键要素。中小企业建立合理的创新体系后，还必须建立与之相配套的创新投入体系。创新是一个渐进的、具有跳跃性的过程，对资金投入、人员投入要求也将发生波动，因此，建立稳定增长的创新投入机制显得尤为必要，保证创新活动的每一个环节对资金投入的需求，确保创新能顺利开展。

最后，建立创新风险控制制度。创新是一项风险性的活动。建立风险控制制度，就是要将创新作为企业动态能力提升的一个关键要素，并据此构建相应的激励制度，界定并补偿正常的创新失败范围，确保创新活动持续进行，不断激发员工的创新意识与积极性。

（4）培育企业家精神

中小企业管理者往往具有绝对权威，对企业的管理决策起着至关重要的作用。培育企业家精神不仅能够强化中小企业动态能力动力机制，还能提升中小企业绩效。企业家精神主要包括创业精神、道德观念、发展愿景、社会责任感、风险偏好等内容（魏江、焦豪，2007），这些构成企业存在的原始动力，也是支撑企业成长的精神要素。面对竞争日趋激烈的外部环境，企业家精神的内容也有所变化，危机意识、创新意识、快速响应能力、敏锐的洞察力等都已成为企业家精神的重要组成部分。

要培育优秀的企业家精神来强化中小企业动态能力动力机制，要做的就是强化教育，尤其强化"干中学"、继续再教育。鼓励并支持企业管理者以各种形式参与继续再教育，着力培养管理者的责任意识，勇于创新的精神、敢于冒险的意识（Di Stefano 等，2009）。此外，还应建立针对企业家精神培养的专项激励措施，提升企业领导者创新进取积极性。企业家精神是中小企业成长发展不可或缺的核心能力资源，但是培育企业家精神却是一项缓慢而又艰辛的任务，不能一蹴而就，需要中小企业长期坚持。

6.1.2　强化动态能力学习机制建设

学习机制是企业动态能力形成机制与演化机制的核心，对企业可持续成长起着基础支撑与发展动力的作用。强化学习机制建设，需要从以下三个方面着力：

第一，营造学习文化氛围。一个良好而宽松的学习环境是支持学习机制顺利运转的保障。学习文化氛围的营造的关键在于加强学习型文化建设（谢慧娟、王国顺，2012）。学习型文化的主要特征有：一是在精神层面，企业员工有共同的发展愿景，这种愿景将企业价值与个人价值有机融合在一起，能有效激发员工为了共同的发展目标而学习努力，并且努力的结果是员工发展、企业成长；二是制度层面，企业对于组织学习的内容、方向、方式作出相应规定，构建企业公共学习资源共享信息平台，提供必要的学习；三是行为层面，这种学习既有来自企业激励制度或岗位晋升需求产生的，也有员工基于个人实现需求的一种自觉、自发学习行为；四是物质层面，企业对于每一个致力于企业成长发展的员工的自发学习将给予必要的物质支持与援助，包括向员工提供必要的学习机会、学习平台、学习环境、学习资助、学习奖励等，强化员工自发学习的意识与习惯。

第二，构建学习型组织。国外对于学习型组织的研究始于 20 世纪 90 年代，学习型组织对于提升企业核心竞争力、保持持续竞争优势具有显著的正面作用（Wang 和 Ahmed，2007）。美国著名管理学家彼得·圣吉认为，建设学习型组织，必须从自我超越、团队学习、改善心智模式、建立共同愿景和系统思考五个方面努力（王核成，2010）。学习型组织理论强调学习对于企业成长的意义，将团队学习摆在突出位置，往往忽视了个人学习，尤其是个性化的学习。一方面，中小企业人员相对较少，不仅有利于组建团队，在团队层面实施有效的组织学习；另一方面，中小企业也具备个性化学习的优势，从每一个员工的学习需求出发，定位学习内容，充分调动全体员工的学习积极性，建立专门的学习基地、学习实验室、学习试点等学习机构。此外，积极搭建学习和沟通平台也是构建学习型组织的一个关键环节，对于企业员工之间的学校交流、互动大有裨益，也能强化"干中学"机制的效能，减少企业员工之间因为缺少沟通产生的内耗。

第三，加强知识管理。加强知识管理的突破点在于贯彻学习与遗忘相融合的精神。当今社会，环境变化可谓瞬息万变，企业核心能力资源的更新变化速度也在加快。一方面，企业要强化学习意识，加强组织学习，保证学习机制各项功能与作用的顺利运转，为企业积累必要的知识；另一方面，企业还要对那些已经积累的、对企业成长发展具有支持性的知识进行再学习，同时对那些积累的、对企业成长发展有显著阻碍性的知识学会遗忘，以便更好地学习和积累新的必要知识。

6.1.3　强化动态能力匹配机制建设

匹配机制的核心任务在于通过机制的作用解决企业内部能力和资源系统与外部环境的变化的匹配问题，以提升企业动态能力。彼得·圣吉在《第五项修炼》中以一个"温水煮青蛙"的故事强调了环境匹配机制的重要性，更是意在说明企业如果忽视环境变化将会面临灭顶之灾。匹配机制的作用不仅在于规避企业的生存威胁，更在于通过快速准确的响应机制促进企业的可持续成长。强化匹配机制建设能提升企业动态能力的反应能力，具体应从以下两个方面着力：

一方面，要加强企业信息化建设，建立信息管理系统。中小企业信息化建设的目的在于通过提升企业信息化水平，提升企业动态能力对内外部环境的响应能力，节省时间与精力。内蒙古自治区中小企业信息化建设的重点在于信息网络建设、电子商务平台建设，引进和培养一支信息技术过硬、管理素质较高的信息化管理队伍，简化企业管理流程，节省企业管理成本，提升企业管理效率。这项投入是耗资较大的工程，各级政府应该设立专项基金支持中小企业信息化建设，帮助其建立完善的信息管理系统。此外，中小企业还应该在信息管理系统建设框架下，构建企业动态能力预警系统，动态监测企业内部能力、资源同外部间环境的匹配情况的变化，一旦发生重大波动，应及时示警，并做出积极响应的措施。

另一方面，应重构企业组织结构。研究证明，柔性化企业组织结构具有快速响应环境变化的优势。柔性化组织结构是由柔性化组织和与之对应的管理团队以及柔性化管理方法构成，因此，重构企业组织结构应该从这三个方面着力。柔性组织结构倾向于扁平化、网络化结构模式，但是对于中小企业而言，究竟选择何种组织结构还应该结合企业自身特点，具体情况具体分析。一般而言，对于主营煤炭、食品、建材等行业的中小企业多选择网络化组织结构，对于零售批发、交通物流、服务等为主的中小企业可以选择扁平化的组织结构。造就一支高效的管理团队可以使企业柔性管理事半功倍，团队精神、合作意识、创新意识、竞争技巧等都是管理团队必备的精神素养。管理方法的柔性化一般通过企业制度、企业战略来推动，建立以弹性化管理为突出特色的管理方法体系。

6.2　中小企业动态能力培育的路径

从中小企业动态能力形成与演化及其影响因素过程看，中小企业动态能力培育的路径可以是单一的路径，也可以是复合多元路径，并且各个路径之间具有一定的融合交叉性，各个路径的边界并不能完全清楚划定。一般说来，中小企业动态能力培育的路径主要有三个：企业内部、企业外部和内部与外部相结合的联合开发培育路径。

6.2.1　中小企业内部培育

中小企业动态能力的内部培育，意在表明企业能够自力更生，依靠自身的内部活动，来改变企业的动态能力状况，提升动态能力水平。从其内涵看，这种培育路径更适合实力较强的中小企业。中小企业具备一定的自主创新能力和资源能力基础，便可以在企业内部顺利实行动态能力培育计划，实现动态能力水平的提升。对于成长壮大的中小企业而言，中小企业动态能力内部培育不失为一种较为有效的方式，通过这种路径培育的动态能力更具有异质性、专有性和不可模仿性，对于可持续竞争优势的维持更有效，更能促进企业的可持续成长。

中小企业动态能力的培育是一个较为复杂的积累过程，选用内部培育路径的优势在于，企业对这个过程具有较强的可控性，由于是在企业内部培育，整个培育过程还具有稳健、有序的优势。中小企业动态能力内部培育的基本策略是从企业内部资源、能力存量中选择具有决定性的资源与能力组合进行重点培育、开发与提升，其基本方式是独立开发，企业全体员工同时能够掌握相关的外部知识信息资源。动态能力独立开发是在企业战略目标定位下，遵循特定的开发程序与模式，将企业内部资源与能力有序配置于企业各个子战略目标中，实现企业资源、能力的最佳配置，提升企业资源与能力的增量，最终达到提升企业动态能力的目标。需要补充说明的是，在企业内部培育动态能力是充分发挥企业自身资源与能力优势，但并不排斥外部资源能力的获取，这是一种"攘外必先安内"的做法，也是一种以静制动应对策略。

6.2.2　中小企业外部培育

中小企业动态能力的外部培育，是秉承"借力打力"的思想，从企业外部寻求资源、能力，通过企业间的活动来改变企业内部的动态能力。这种培育路径最大的特点在于，企业能够寻求合适的合作伙伴，凭借合作伙伴的资源、能力来实现企业自身动态能力的提升。中小企业选择外部培育动态能力的路径适合那些自身资源、能力存量较少的企业。动态能力培育既不适合独立开发，也不适合共同开发，且易于同其他企业结成稳固的、长期的合作关系，也即企业外部结构一般是以网络化、联盟型结构为主。

内蒙古自治区企业中小企业集群化、园区化建设日趋普遍，这为中小企业的成长发展提供了机遇。中小企业集聚更利于形成网络化、联盟产业组织结构，有利于联盟阵营中的各个企业的沟通、交流与合作，容易结成一种互惠、互利、共赢的新型合作关系。在这种背景下，中小企业应该抓住这种外部环境创造的机遇，加强企业之间的合作。借此，中小企业动态能力外部培育的基本策略是选择合适的合作企业作为动态能力培育的合作伙伴，开发培育的基本方式是通过信息共享、资源共享、能力共建，实现企业自身的大发展、动态能力的大提升。中小企业动态能力外部培育路径实现的"瓶颈"是如何建立运行高效的利益分享机制、信息资源共享机制以及如何在企业间寻求一种平衡，使得企业与企业间能建立良好的信任感与合作诚意。中小企业动态能力外部培育选择的方式还可以是动态能力培育外包、动态能力引进、资源能力外购内部加工。选择何种方式作为中小企业外部培育动态能力的途径，应该根据企业成长发展需要，量体裁衣。

6.2.3 中小企业联合开发培育

中小企业动态能力内部与外部相结合联合开发培育，是秉承优势互补的思想，从企业内部与外部同时发力，通过对企业内部资源、能力的盘点与外部环境的发展变化确定动态能力建设缺口，同时在企业外部找到合适的合作企业，联合开发培育企业动态能力，解决动态能力缺口。从其内涵看，这种培育路径最大的特点在于，企业可以选择多种企业外部结构，也可以采用多种企业外部战略，实现内部与外部相结合的联合开发。在行业内，中小企业可以选择联盟型、网络型的组织结构；在企业间，中小企业可以选择并购、合并、上下游企业联合的企业关系模式（许晖等，2013）。对于企业性质而言，中小企业还可以选择合资企业、战略联盟等方式。这些都可以成为中小企业联合开发培育动态能力具体实施的方式或途径。

选用联合开发培育动态能力的优势在于，在既定的企业战略下，企业能够完全利用其优势资源，并且能够"巧借东风"充分借用外部资源，实现动态能力的开发与提升。随着经济社会的发展以及内蒙古自治区政府对中小企业扶持力度的加大，内蒙古自治区中小企业动态能力都将获得跨越性的提升，这不仅能有效缓解企业资源能力不足的现状，也能从根本上让企业摆脱动态能力培育的被动局面。内蒙古自治区中小企业获得一定发展后，大部分企业拥有基本的资源、能力基础，这对于企业动态能力的进一步培育与提升大有裨益，这些企业动态能力培育路径选择空间变得更大，能够自主、自由地选择联合开发培育模式。

6.3 中小企业动态能力提升策略

6.3.1 重视人力资源开发与管理

知识经济时代作为动态能力载体的人力资源已成为重要的战略资源，成为各企业竞相争夺的对象。人力资源质量的高低与人力资本投资强度密切相关，只有高质量的人力资源才能造就高水平的动态能力。高质量的人力资源也可称之为人才，人才作为最活跃的生产要素资源，具有主观能动性，是企业创造剩余价值的重要力量。从人力资本理论看，人才是企业人力资本存量较高的人力资源，直接影响企业人力资本水平。一般而言，企业人力资本水平越高，创造价值的机会越大。人才具有较高的智力资本，能够相对于其他员工更为敏锐地观察环境的动态变化，较好地进行自我学习、"干中学"，也能较好地完成管理任务，面对突发事件做出相对合理的决策。进入超竞争时代，企业间人才争夺战日趋白热化，尤其是对复合型人才的争夺更是如此（冯军政、魏江，2011）。企业一方面积极参与社会招聘、高新聘请各类紧缺人才，另一方面委托专业的人才猎头公司为其发展提供人才支持。此外，企业还成立专门的培训机构，在企业内部培养造就优秀的人才，形成企业的核心人才资源、储备人才资源。

如前所述，内蒙古自治区中小企业人力资源开发与管理问题颇多，如企业用人往往唯学历使用，并且定位为一般的普通专科学校生源，本科较少招聘；企业在人力资源管理过程中，往往只关心企业员工的工作业绩，却较少给予相应的激励；由于中小企业组织结构相对简单，企业员工也相对较少，各类人才的技术级别也相对较低，复合型的人才极度缺乏。针对以上问题，现给出相应的解决策略。

（1）重视对全体员工进行人力资本投资

在人力资源开发环节，应该重视人力资本投资，提升企业人力资本水平，具体应从以下三个方面着力：

首先，建立员工人力资本水平档案，为企业对其有针对性的人力资本投资提供依据。员工人力资本水平评价既有客观性的一面，也有主观经验判断的一面。就客观性而言，主要指向员工的年龄、性别、受教育程度、身体健康状况、身高、政治面貌、获奖励经历、工作经验、工作技能水平等涉及体力资本与智力资本的人力资本；就主观而言，主要指向于员工的道德、观念意识、价值观取向、职业操守等内在的道德资本。综合人力资本三个方面的内容对员工进行评价，给出相应的评价区间，以此构建人力资本档案。

其次，有选择性地对员工进行人力资本投资。人力资本投资不仅要占据中小企业一定的物质资本，还要消耗企业部分人力资源、信息资源、制度资源等资源。因此，中小企业人力资本投资不能以"撒胡椒面"的形式开展，而应该有所选择、有所甄别。中小企业动态能力的载体是员工，核心员工又以领导者与高层管理者为主。因此，中小企业应该加强企业高管和领导者的人力资本投资。针对企业高管与领导者人力资本水平状况、个性化人力资本投资需求以及动态能力提升背景下对其人力资本水平的要求，设立专门的人力资本投资计划，增加人力资本投资强度。

最后，注重人力资本投资结果检验与转化。加强人力资本投资结果绩效考核是中小企业人力资本投资的重要环节，包括人力资本投资结果评价与成果转化，这是基于现有人力资本投资只注重投入、不注重产出做法的一个创新与改进，避免人力资本投资停留在口号、流于形式。员工在接受企业提供的人力资本投资完毕后，应该接受企业相应的考核，同时应该设计一个观察期，在观察期内对其行为进行二次考核，并与考核前形成对比，考察其人力资本投资成果转化的效果，是否显著提升企业动态能力。

（2）加强人力资源管理

在人力资源管理过程中，应该重视企业招聘、培训、绩效考核、激励各个环节的功能设计与关联作用，具体有如下几方面。

招聘环节应加强甄别筛选。随着高校扩招与教育体制改革，各类人才相对增多，这一方面给中小企业人才队伍建设带来了机遇，另一方面也增加了企业招聘的难度与信度。中小企业常常发现，招聘进来的高学历人才、名校的毕业生不如中等层次的人才、普通学校的毕业生，学历"羊皮纸"效应的消退让中小企业招聘人员始料未及。面对高校学生每年毕业就业潮，中小企业招聘战战兢兢，既担心招聘不到合适的人才，增加企业的招聘成本，又担心招聘到的"合适的人才"名不副实，给企业造成不必要的损失。大学生就业难与中小企业招聘难并存的现象日益突出，这不仅存在学科结构与产业结构之间的匹配性问题，也存在各个学历与资历、能力之间的差距。中小企业要获得真正属于企业的人才，能够为企业主人新鲜血液的人才，只有增加招聘程序，设计更为合理的、科学的招聘环节来检验人才真伪，坚持任人唯才。

培训环节应有的放矢。培训作为一种人力资本投资模式，是一种有效的人力资本提升途径，具有较为显著的激励效果。企业动态能力的形成需要员工的通力合作，各类员工的人力资本水平的关联犹如"木桶效应"，尤其要注意对员工人力资本水平较低者的培训。培训环节有的放矢其基本策略是，在培训过程中，要将企业文化、战略愿景与价值观贯彻在每一个培训环节；同时，着力培养企业员工的思维方式，以提升员工洞察力、创新力、判断力为最终目标。中小企业复合型人才极为匮乏，在培训项目中应加大复合型人才的培训力度，以此提升企业动态能力的环境变化快速响应能力、突发事件的应变能力。培训不应单单是企业的一种强制性行为，更多的应该是根据企业绩效考核情况，设立带有激励色彩的制度化程序，应该据此设立培训的长效机制，以此为契机激发企业员工自觉、自主提升个人综合素质，更好地为企业服务。

绩效考核应坚持以过程导向、结果为参考。调查发现，内蒙古自治区中小企业绩效考核惯以结果为导向，往往并不关注员工工作过程，以此提升企业员工工作效率。这种以成败论英雄的绩效考核模式有两个弊端：一是该模式不利于员工成长、创新，更不利于提升员工面对突发事件的应对能力。企业成长是一个试错过程，是企业员工在企业战略目标下实施的一系列试错行为，只有这样，员工的创新能力、判断能力、洞察能力等才能得到全面提升，加快动态能力的形成与演化。如果员工因为试错失败、绩效考核不合格而导致降薪、降职甚至辞退，这将极大地损害员工试错的积极性与自主性，也将束缚员工的创新能力，员工只能像机器一样中规中矩的工作，彻底丧失其主观能动性，这对于企业动态能力的形成与演化有显著的消极影响。二是该模式有明显的武断性，对于员工的奖惩、去留仅凭考核结果判定，倘若考核制度存在一定的缺陷性，那么将"错失良将"，这对于企业招聘也是一个不小的负面打击。综上所述，绩效考核应坚持过程为导向、结果为参考，以此培养企业员工的忠诚度、创新能力、应变能力等，提升其话语权、决策权、管理权限，充分调动员工的主观积极性。

设计科学合理的激励制度。内蒙古自治区中小企业激励制度设计的内容较为单调，往往只有薪资增加、职位晋升两种。调查过程中，约有六成的中小企业中层管理者对企业的激励制度不满意，认为薪资激励效果不强、职位晋升吸引力也不大。对于中小企业而言，企业资源有限，不可能设立大额的薪资作为激励，并且由于企业员工人数较少，组织结构趋于扁平化，所以职位晋升对员工的激励效果也极为有限。这些也是员工对企业激励制度敏感度比较低的主要原因。其实不然，中小企业大可以根据员工的成长需求、业绩设计有针对性的、个性化的激励制度，如为企业研发人员创造良好的研究环境，给予其开放性的、宽松的工作学习时间；为企业普通员工提供交通便利、业余活动支持等，创造学习深造的机会；给予企业高管更多的管理权限、营造更多学习交流的机会等。当然，对于那些不思进取甚至恶意破坏企业动态能力提升行为的员工应该给予严厉的惩罚，为企业营造一个和谐美好的工作学习环境。

6.3.2　提升战略管理能力

面对复杂多变的动态环境，中小企业战略不再是一成不变的纲领性文件，而应该实施战略柔性策略，提升战略管理能力。中小企业战略必须与企业内外部环境有效匹配，在综合判断与评价环境变动对企业战略的影响后，及时对企业战略做出调整与修正，这虽然要付出巨大的代价，如企业信誉与社会地位都将受到损害、员工的忠诚度也会因此受影响（Zahra 等，2002），但是这种战略调整与转变能使企业保持较高的机动性，在动态环境变化中掌握先机与主动权，提升企业动态能力，保持企业持续竞争优势，促进企业可持续成长。

战略柔性策略正是基于这种战略调整与转变需求形成的一种新型有效的战略管理战术。要实施中小企业战略柔性策略，关键是要建立组织学习机制。战略柔性是一个综合性的概念，涵盖企业生产系统柔性、市场营销系统柔性、创新文化柔性、组织结构柔性、管理柔性、制度柔性等内容（Schreyogg，2007）。但是战略柔性的本质却是企业在文化、管理者领导力上具有变革创新的思想。因此，中小企业实施战略柔性对管理者提出了更高的要求，尤其是对企业家精神赋予了更为丰富的内涵，要求企业领导者具有全局观、敏锐的洞察力、很强的预见能力、资源协调能力、复杂系统的学习与规划能力、准确的判断力等，并且对动态能力动力机制、学习机制和匹配机制建设过程起引导支持作用。

6.3.3　增强技术创新能力

增强技术创新能力对于中小企业而言是一个老生常谈的话题，但是真正将之落到实处却不是一个简单的问题。从全国范围看，我国无论是大型企业还是中小企业，技术创新能力相对较低，这与过去我国实行的劳动密集型产业发展路线有关，制造大国背景下，企业很少关注技术创新，来料加工、挂牌加工等形成惯性。中西部地区在承接产业转移过程中，这种惯性得到了进一步的强化。为了吸纳剩余劳动力，缓解地区就业压力，各级政府对企业人员招聘吸收出台了一系列的鼓励扶持措施，这使得一部分企业不需要创新就能获得发展支持。诚然，中小企业肩负着吸纳就业、繁荣地方经济的使命，但是在知识经济时代，不思创新、不思进取的企业是很难获得可持续成长的，其企业生命周期往往较技术创新能力强的企业短。

增强技术创新能力是企业发展的内在必然要求，也是企业动态能力形成的关键（Aghion 和 Bolton，1992；Wu 和 Tu，2007）。要提升企业动态能力，就必须提升技术创新能力，建立技术创新机制是增强中小企业技术创新能力的长效机制。建立健全的技术创新机制需要从以下三个方面着力：一是要制定合理的技术创新发展战略。中小企业技术创新条件较差，技术创新的方向、侧重点、创新的方式等问题都是摆在中小企业技术创新面前急需解决的问题。制定合理的技术创新发展战略，要正确处理企业核心关键技术与产业共性技术的关系，正确处理自主创新与模仿创新的关系，正确处理技术引进与技术吸收的关系。二是建立稳定增长的技术创新投入机制。加大中小企业技术创新投入力度，构建以政府为主导、中小企业为主体、社会民间高度参与的投融资模式，并建立稳定增长的创新风险控制投入机制，为技术创新提供必要的物质保障。三是建立高效的技术创新运行机制。继续推进"官产学研"相结合的技术创新联盟，充分利用政府力量、学校资源、科研院所的创新能力，为企业所用，并通过这种科研联盟培养造就一批技术创新队伍，增强企业技术创新能力，提升企业动态能力。

6.3.4 建立并完善学习型企业文化制度

实践证明，学习型企业文化是企业保持持续竞争优势的法宝，也是企业动态能力提升最有效的企业制度（曹红军、王以华，2011；Bititci 等，2011）。创新和学习是企业文化建设的核心内容，建立学习型企业文化制度着重要将学习和创新贯彻其中。

完善学习型企业文化制度关键在于厘清学习型企业文化制度的形成与演化原理，重视企业家精神的突出贡献作用。一般而言，学习型企业文化制度的形成与演化有以下几个方面：一是历史痕迹，学习型企业文化是一个根植于企业成长历程的概念，不管中小企业是否将其作为企业制度建设内容提出来，作为一个历史性、观念性的模式，该制度都存在并发展演化，由历史发展而来，现在正在演化，将来也将延续。二是环境。主要涵盖企业内部人文环境、经营管理环境、人力资源环境等，企业外部的市场环境、政策制度环境、社会法制环境、历史文化环境等，这些都是企业需要学习、识别的基本内容。三是用人管人。如何用人管人是企业学习型文化制度的主要内容，只有选好人、用好人、管好人，才能做到人尽其责、人尽其才，将企业经验、知识等内容通过学习转化为生动活泼的企业能力，提升企业的适应能力，集聚竞争优势。四是灌输学习意识。通过这种自我学习、强化学习的实施，将学习意识灌输给企业全体员工，实现学习型文化制度的升华，并使得这种制度的存在成为一种虚无的状态，深深植入每一个员工的意识形态，影响其价值观、人生观和世界观。

企业家精神对学习型企业文化制度具有较为突出的作用。综观中外企业，但凡优秀的先进的企业文化，背后都传承着某一企业领袖的个人信念、人生观、价值观和世界观。刘井建（2011）剖析了新创企业成长的内外部影响因素，对新创企业成长变革动力、变革时间和变革特征进行了阐述，结合动态能力理论、创业学习作用机理，构建了新创企业成长支持模型，从创业学习的经验知识、问题解决、机会识别、能力培育四个方面论证了其支持机理，从动态能力的感知环境、整合资源、演化路径等方面阐述了其支持机理，也剖析了动态能力对新创企业成长的中介意义，通过对120家新创企业的实证分析构建了结构模型，验证了企业家精神对企业动态能力提升的意义。实践证明，领导者对企业文化的影响可谓深远和广泛的。企业家精神犹如一面思想旌旗，与企业文化制度有机融合在一起，成为推动企业发展的精神力量，对学习型企业文化制度的完善具有显著的正面作用。

6.4 本章小结

本章从加强中小企业动态能力动态机制建设、中小企业动态能力培育的路径和中小企业动态能力提升策略三个方面阐述了内蒙古自治区中小企业动态能力的培育，同第3章、第4章内容一起构成内蒙古自治区中小企业动态能力研究的核心内容。

中小企业动态能力动态机制建设的主要内容涉及动力机制建设、学习机制建设和匹配机制建设三个方面。动力机制建设应该从重塑企业文化、设计科学合理的激励制度、完善创新体系、培育企业家精神四个方面着力；学习机制建设应该从营造学习文化氛围、构建学习型组织、加强知识管理三个方面着力；匹配机制建设应该从加强企业信息化建设和建立信息管理系统、重构企业组织结构两个方面着力。

从中小企业动态能力形成与演化及其影响因素过程看，中小企业动态能力培育的路径可以是单一的路径，也可以是复合多元路径，并且各个路径之间具有一定的融合交叉性，各个路径的边界并不能完全清楚划定。一般说来，中小企业动态能力培育的路径主要有三个：企业内部、企业外部和内部与外部相结合的联合开发培育路径。

内蒙古自治区中小企业动态能力提升的策略主要有重视人力资源开发与管理、提升战略管理能力、增强技术创新能力、建立并完善学习型企业文化制度。对于中小企业而言，着重应该加强人力资源开发与管理，加强人力资本投资，重视企业招聘、培训、绩效考核、激励各个环节的功能设计与关联作用。

第 7 章

结　　语

7.1　全书总结

内蒙古自治区中小企业作为国民经济的重要组成部分和社会发展的重要推动力，在繁荣城乡经济、增加财政收入、吸纳就业、维护社会稳定等方面发挥着举足轻重的作用，对加快实现"和谐内蒙古"、"推进美丽内蒙古建设"做出了巨大贡献。未来时期，在中央、自治区各界的共同努力下，内蒙古自治区中小企业将面临更大的发展机遇与更严酷的挑战。本书以动态能力理论研究为切入点，以内蒙古自治区中小企业发展现状为现实背景，通过对内蒙古自治区中小企业动态能力的演化过程、动态能力演化的影响因素、动态能力的演化机制、动态能力的演化路径及其影响因素、动态能力的培育等一系列问题展开系统深入的论证与探讨，构建了一套适合于内蒙古自治区中小企业动态能力建设的、富有指导性理论体系和可操性的实证方法。全书简要总结如下：

第一，根据动态能力理论与相关理论分析框架，揭示了中小企业动态能力演化过程与影响因素。从内蒙古自治区中小企业发展现状出发，对内蒙古自治区中小企业发展概况、发展面临的主要问题进行了梳理，结合动态能力理论与相关理论分析框架，从演化与动态能力演化的基本问题出发，厘清了演化与演化过程的特点，界定了动态能力演化的内涵，重点对内蒙古自治区中小企业动态能力演化过程进行了较为全面的论述，并从企业内部与外部两个层面探讨了内蒙古自治区中小企业动态能力形成的影响因素。

第二，对内蒙古自治区中小企业动态能力演化发展的路径及演化机理进行了论证，着重从动态能力演化的动力机制、学习机制和匹配机制三个方面系统论述了内蒙古自治区中小企业动态能力演化机理，这可以认为是对动态能力演化理论创新的一种大胆尝试，也是对动态能力理论研究的一种深化，但对动态能力演化的相关问题还有待进一步的分析与研究。

第三，通过深入调研，对内蒙古自治区中小企业动态能力水平进行了综合评价，并选取汉森葡萄酒业有限公司作为代表，对其动态能力识别与评价进行了可操作化研究。对中小企业外部环境的判断，可以采用聚类分析法；对地区中小企业动态能力水平评价可采用因子分析法与格特曼测试量表相结合的方法；对中小企业个案动态能力的识别与评价，可以采用模糊评价法静态评价与马尔可夫链动态评价相结合的方法。

第四，重点阐释了中小企业动态能力培育的方式、路径与策略。动态机制是动态能力的灵魂，也是动态能力形成的基石。强化动态能力动力机制、学习机制和匹配机制能显著加快中小企业动态能力动态机制建设，促进动态能力的演化。本书探讨了内蒙古自治区中小企业动态能力培育的三种路径，最后从重视人力资源开发与管理、提升战略管理能力、增强技术创新能力、建立并完善学习型企业文化制度四个方面给出了内蒙古自治区中小企业动态能力提升的策略。

7.2 创新点

全书创新点有如下几个方面：

第一，以演化经济学思想为指导，从内蒙古自治区中小企业动态能力的演化特征：动态不可逆、交叉重合性与内在一致性三个方面，就内蒙古自治区中小企业动态能力演化的动机、方向与途径进行探讨，从而重点揭示了内蒙古自治区中小企业动态能力演化过程与影响因素。内蒙古自治区中小企业动态能力演化过程是以企业持续竞争优势集聚为目标，以动态能力机制为支撑，战略分析、战略定位、战略实施以及战略评价与调整为主要路径的作用过程。

第二，从动力机制、学习机制和匹配机制三个方面廓清了内蒙古自治区中小企业动态能力演化机制。内蒙古自治区中小企业动态能力演化的动力机制是由激励要素、创新要素、权力要素等内在要素和市场变化、技术变化、政策变化、竞争变化等外部环境诱发共同作用形成的企业变化革新意识；学习机制由企业领导者主导、企业全体员工共同完成；匹配机制是基于外部环境波动、企业内部资源环境发生变化的一种动态匹配过程，是动态能力演化的关键。

第三，构建了内蒙古自治区中小企业动态能力评价体系与方法。对内蒙古自治区中小企业外部环境的判断,可以采用聚类分析法,据此构建中小企业动态能力评价体系;内蒙古自治区中小企业动态能力水平评价可采用因子分析法与格特曼测试量表相结合的方法;对中小企业个案动态能力的识别与评价,可以采用模糊评价法静态评价与马尔可夫链动态评价相结合的方法。

第四,阐释了内蒙古自治区中小企业动态能力培育的方式、路径与策略。强化动态能力动力机制、学习机制和匹配机制能显著加快中小企业动态能力动态机制建设,促进动态能力的演化。探讨了内蒙古自治区中小企业动态能力培育的三种路径,从重视人力资源开发与管理、提升战略管理能力、增强技术创新能力、建立并完善学习型企业文化制度四个方面给出了内蒙古自治区中小企业动态能力提升的策略。

7.3 研究展望

围绕"中小企业动态能力研究"这个选题,还有一些较为重要的理论问题与应用研究值得进一步分析与探讨,概括起来主要有以下两个方面:

第一,理论研究而言,对中小企业动态能力的特征有待进一步厘清,中小企业动态能力对企业可持续成长的关联作用机理的研究也亟须深化;中小企业动态能力与企业绩效的关系的实证研究、中小企业动态能力水平与地区政策制度、企业家精神、企业文化、企业战略等之间的关联关系与作用机制的研究需拓展研究。

第二,应用研究而言,需加强对不同地区、不同文化背景、不同性质的中小企业动态能力的理论与实证研究。

附　录

附录1　内蒙古自治区中小企业动态能力实证研究课题调查问卷

企业名称：_____

调查时间：_____

调查人：_____

被调查者：姓名_____职位_____主管业务_____电话_____

调查内容：

您所在企业的主导产品是_____

就主导产品而言，您认为企业所面临的外部环境是：

消费者偏好变化幅度：□很大　□比较大　□一般　□比较小　□很小；

消费者偏好变化速度：□很快　□比较快　□一般　□比较慢　□很慢；

技术（创新和发明引起的技术变革）变化幅度：□很大　□比较大　□一般　□比较小　□很小；

技术（创新和发明引起的技术变革）变化速度：□很快　□比较快　□一般　□比较慢　□很慢；

产业政策变化幅度：□很大　□比较大　□一般　□比较小　□很小；

产业政策变化速度：□很快　□比较快　□一般　□比较慢　□很慢；

竞争（潜在和现有的竞争对手的行为）变化幅度：□很大　□比较大　□一般　□比较小　□很小；

竞争（潜在和现有的竞争对手的行为）变化速度：□很快　□比较快　□一般　□比较慢　□很慢；

供应商（贸易伙伴的行为）变化幅度：　□很大　□比较大　□一般　□比较小　□很小；

供应商（贸易伙伴的行为）变化速度：□很快　□比较快　□一般　□比

较慢　□很慢；

就主导产品所在产业而言，据您了解产业的一些情况是：

目前全国产业内企业的数量大概为_____家企业？

出现新的竞争对手的速度：□很快　　□比较快　　□一般　　□比较慢　　□很慢；

目前国内产业集中度（前三位企业的市场占有率总和）大约为_____%。

附录2　内蒙古自治区中小企业动态能力第二阶段调查说明

一、范围、时间与内容

依据研究企业概况内蒙古自治区中小企业动态能力实证研究课题调查提纲（一）的调查的结果，挑选出处于动态环境的企业，并且进一步划分为处于动态简单环境与动态复杂环境两类企业。在这些企业中挑选不少于10家企业，进行进一步调研（访谈或者其他形式），按照以下步骤完成。

内容：企业概况、动态能力的测评、动态能力特征、该企业动态能力影响因素分析。

二、步骤

第一，围绕动态能力五个表征构面的可观察要素收集资料，对企业进行访谈。以描述企业在某一发展阶段上或在企业整个发展历程中的相关客观情况。对调查到的资料或收集的二手资料，可进行企业动态能力测评资料概括，见附表1。

附表1　企业动态能力测评资料概括

序号	动态能力表征构面		某企业相关情况概括
	构面名称	可观察要素	
1	环境构面	机遇/困境的识别	
2	战略/战术构面	调整/改变战略或战术	
3	产业/产品构面	或者获得新增产业成长领域； 重新定位产品/服务（或增加新产品）	
4	资源结构构面	针对战略/战术和产业/产品的变化所进行 资源结构调整/改变	
5	竞争优势构面	获取/加强竞争优势	
6	频率构面	具有上述表现的次数	

第二，根据调查到的客观情况，进行以下问题的测试。

（1）企业在某一发展阶中的测试。

①是否能够识别外部机遇/困境？

②是否能够成功地调整/改变战略或战术？

③是否能够成功地获得新增产业成长领域，或者成功地重新定位产品/服务或增加新产品？

④是否能够成功地进行外部/内部资源整合？

⑤是否能够成功地获取/加强竞争优势？

在企业在某一发展阶中若存在几次环境变化为企业带来不止一次的机遇/困境，那么根据调查到的客观情况回答的问题与"在企业整个发展历程中"的情况一致。

（2）企业在整个发展历程中的测试。

①能够识别外部机遇/困境有哪几次？

②能够成功地调整/改变战略或战术有哪几次？

③能够成功地获得新增产业成长领域，或者成功地重新定位产品/服务或增加新产品有哪几次？

④能够成功地进行外部/内部资源整合有哪几次？

⑤能够成功地获取/加强竞争优势有哪几次？

第三，建立格特曼测试量表，如附表2和附表3。

结合上述测试，可得到格特曼测试量表的测试结果。其中，附表2运用于企业在某一发展阶中的测试，附表3运用于企业在整个发展历程中的测试（包括企业在某一发展阶中出现一次以上机遇/困境的测试）。

附表2　动态能力一次测评格特曼测试量

测试问题	测试可能结果					
	一	二	三	四	五	六
是否能够识别外部机遇/困境？	×	√	√	√	√	√
是否能够成功地调整/改变战略或战术？	×	×	√	√	√	√
是否能够成功地获得新增产业成长领域，或者成功地重新定位产品/服务或增加新产品？	×	×	×	√	√	√
是否能够成功地进行外部/内部资源整合？	×	×	×	×	√	√
是否能够成功地获取/加强竞争优势？	×	×	×	×	×	√
结果分值标准	0	1	2	3	4	5

注："×"代表"否"，"√"代表"是"，下同。

附表3　动态能力多次测评格特曼测试量

测试问题	测试可能结果				
	一	二	三	四	五
是否能够识别外部机遇/困境？	√√	√√	√√	√√	√√
是否能够成功地调整/改变战略或战术？	××	√√	√√	√√	√√
是否能够成功地获得新增产业成长领域，或者成功地重新定位产品/服务或增加新产品？	××	××	√√	√√	√√
是否能够成功地进行外部/内部资源整合？	××	××	××	√√	√√
是否能够成功地获取/加强竞争优势？	××	××	××	××	√√
结果分值标准	1.1	2.1	3.1	4.1	5.5

注：表中"√√"和"××"出现2次以上。

　　第四，根据建立动态能力评价标准。评价企业动态能力差异程度。其中，关于具有部分动态能力和部分显著动态能力的研究，是基于动态能力存在内部构成（即动态能力存在子能力）的假设。见附表4。

附表4　动态能力测评评价标准

测试分值标准	0	1	2	3	4	1.1	2.1	3.1	4.1	5	5.5
动态能力水平	无动态能力	具有部分动态能力				部分动态能力显著				具有亚动态能力	具有显著动态能力

注：为了能够区别动态能力的差异，对频率构面的测量尺度取等级尺度（Ordinal Scale）："一次"和"二次以上"。"一次"对应于表5-2的测试，"二次以上"对应于表5-3的测试。

参考文献

［1］蔡树堂．基于动态能力的企业可持续成长研究［M］．北京：经济科学出版社，2001.

［2］陈戈，徐宗玲．动态能力应用与代工企业 OBM 升级——以台湾宏达电子为例［J］．经济管理，2011（12）．

［3］陈建校．物流企业动态能力研究：形成机理与管理策略［M］．北京：中国社会科学出版社，2011.

［4］程慧芳，唐辉亮，陈超．开放条件下中国经济转型升级动态能力报告［M］．北京：科学出版社，2012.

［5］曹红军，王以华．动态环境背景下企业动态能力培育与提升的路径——基于中国高新技术企业的实证研究［J］．软科学，2011（1）．

［6］崔瑜，焦豪．企业动态能力提升作用机制研究：基于学习理论的视角［J］．软科学，2009（4）．

［7］戴天婧，汤谷良，彭家钧．企业动态能力提升、组织结构倒置与新型管理控制系统嵌入［J］．中国工业经济，2012（12）．

［8］邓少军，芮明杰．组织动态能力演化微观认知机制研究前沿探析与未来展望［J］．外国经济与管理，2010（11）．

［9］董保宝，葛宝山，王侃．资源整合过程、动态能力与竞争优势：机理与路径［J］．管理世界，2011（3）．

［10］董保宝，葛宝山．新创企业资源整合过程与动态能力关系研究［J］．科研管理，2012（2）．

［11］董俊武，黄江圳，陈震红．动态能力演化的知识模型与一个中国企业的案例分析［J］．管理世界，2014（4）．

［12］范新华．高新技术企业核心能力动态演化及评价［M］．南京：江苏大学出版社，2011.

［13］冯军政，魏江．国外动态能力维度划分及测量研究综述与展望［J］．

外国经济与管理, 2011 (7).

[14] 郭净. 营销动态能力与企业国际化绩效: 跨文化视角 [M]. 北京:
经济科学出版社, 2012.

[15] 贺小刚, 李新春, 方海鹰. 动态能力的测量与功效: 基于中国经验的
实证研究 [J]. 管理世界, 2006 (3).

[16] 胡望斌, 张玉利, 牛芳. 我国新企业创业导向、动态能力与企业成长
关系实证研究 [J]. 中国软科学, 2009 (4).

[17] 黄培伦, 尚航标, 王三木, 李海峰. 企业能力: 静态能力与动态能力
理论界定及关系辨析 [J]. 科学学与科学技术管理, 2008 (7).

[18] 纪春礼. 营销动态能力的构成——中国国际化企业视角 [M]. 北京:
经济科学出版社, 2011.

[19] 焦方义, 任嘉嵩. 金融生态系统中农村金融企业动态能力的重要影响
因子研究 [J]. 当代经济研究, 2013 (1).

[20] 焦豪. 基于动态能力理论的实证研究 [J]. 管理世界, 2011 (11).

[21] 江积海. 知识传导、动态能力与后发企业成长研究——中兴通讯的案
例研究 [J]. 科研管理, 2006 (1).

[22] 江积海. 动态能力与企业成长 [M]. 北京: 经济管理出版社, 2007.

[23] 蒋勤峰, 田晓明, 王重鸣. 企业动态能力测量之实证研究——以 270
家孵化器入孵企业为例 [J]. 科学学研究, 2008 (3).

[24] 揭筱纹, 钟国梁. 企业动态能力测量维度研究 [J]. 软科学, 2009
(5).

[25] 金通. 产业集群动态能力: 理论框架、评价体系与公共政策 [M].
北京: 中国社会科学出版社, 2012.

[26] 李大元, 项保华, 陈应龙. 企业动态能力及其功效: 环境不确定性的
影响 [J]. 南开管理评论, 2009 (6).

[27] 李大元. 不确定环境下基于动态能力的企业持续竞争优势构建研究
[M]. 北京: 经济科学出版社, 2011.

[28] 李军, 关健, 陈娟. 组织学习、动态能力与企业战略变化关系的实证
研究 [J]. 软科学, 2010 (3).

[29] 李兴旺. 动态能力理论的操作化研究: 识别架构与形成机制 [M].
北京: 经济科学出版社, 2006.

[30] 梁新弘. 基于信息技术的企业动态竞争能力及增强途径研究 [M].
天津: 天津大学出版社, 2011.

[31] 林萍. 企业资源、动态能力对创新作用的实证研究 [J]. 科研管理,

2012（10）.

　　［32］刘东华，和金生．企业应急反应战略动态能力构建研究［J］．科学学与科学技术管理，2011（1）.

　　［33］刘尔琦，齐中英，刘秀生．企业动态能力的培育——基于航天企业的研究［J］．管理科学学报，2005（5）.

　　［34］刘刚，刘静．动态能力对企业绩效影响的实证研究——基于环境动态性的视角［J］．经济理论与经济管理，2013（3）.

　　［35］刘井建．创业学习、动态能力与新创企业成长支持模式研究［J］．科学学与科学技术管理，2011（2）.

　　［36］刘烨，孙凡云，惠士友等．企业家资源、动态能力和企业创业期的绩效——兼与台湾高科技企业的对比研究［J］．科学学研究，2013（11）.

　　［37］卢启程．企业动态能力的形成和演化［J］．研究与发展管理，2013（1）.

　　［38］罗彪，张哲宇．领导力与动态能力对企业绩效影响的实证研究［J］．科学学与科学技术管理，2012（10）.

　　［39］罗珉，刘永俊．企业动态能力理论架构与构成要素［J］．中国工业经济，2009（1）.

　　［40］马鸿佳，张欢，向阳．新创企业动态能力研究述评［J］．经济纵横，2012（12）.

　　［41］马金平，王刊良．BTO供应链的动态运营能力与实施框架研究［J］．软科学，2013（3）.

　　［42］孟晓斌，王重鸣，杨建锋．企业动态能力理论模型研究综述［J］．外国经济与管理，2007（10）.

　　［43］孟鹰，余来文．企业战略：基于动态战略能力的观点［M］．北京：中国经济出版社，2010.

　　［44］潘安成，于水．基于组织对企业动态能力成因机理研究［J］．管理学报，2009（5）.

　　［45］邱国栋，赵永杰．企业动态能力生成的系统思考——以通用电气公司128年成长历程为例［J］．财经问题研究，2011（8）.

　　［46］邱钊，黄俊，李传昭，陈明锐，吕心田．动态能力与企业竞争优势［J］．中国软科学，2008（10）.

　　［47］苏敬勤，刘静．复杂产品系统制造企业的动态能力演化：一个纵向案例研究［J］．科研管理，2013a（8）.

　　［48］苏敬勤，刘静．复杂产品系统中动态能力与创新绩效关系研究［J］.

科研管理，2013b（10）．

　　［49］苏云霞，孙明贵．国外动态能力理论研究梳理及展望［J］．经济问题探索，2012（10）．

　　［50］苏志文．基于并购视角的企业动态能力研究综述［J］．外国经济与管理，2010（10）．

　　［51］涂艳．企业动态能力一致性与绩效关系研究［M］．北京：经济科学出版社，2010．

　　［52］王国顺，杨昆．知识演进与动态能力构建［J］．管理学报，2010（3）．

　　［53］王核成．动态环境下的企业竞争力［M］．北京：科学出版社，2010．

　　［54］魏江，焦豪．基于企业家学习的中小企业动态能力作用机理研究［J］．商业经济与管理，2007（10）．

　　［55］魏江，焦豪．创业导向、组织学习与动态能力关系研究［J］．外国经济与管理，2008（2）．

　　［56］谢慧娟，王国顺．社会资本、组织学习对物流服务企业动态能力的影响研究［J］．管理评论，2010（10）．

　　［57］许晖，纪春礼．动态能力理论在营销研究中的新发展：营销动态能力研究综述［J］．外国经济与管理，2010（11）．

　　［58］许晖，郭净，纪春礼．中国企业国际营销动态能力的维度构建研究——基于三家企业国际营销实践的理论探索［J］．经济管理，2011（5）．

　　［59］许晖，郭净，邓勇兵．管理者国际化认知对营销动态能力演化影响的案例研究［J］．管理学报，2013（1）．

　　［60］徐宁，徐向艺．控制权激励双重性与技术创新动态能力［J］．中国工业经济，2012（10）．

　　［61］徐万里，钱锡红，孙海法．动态能力、微观能动主体与组织能力提升［J］．经济管理，2009（3）．

　　［62］宣烨，孔群喜，李思慧．加工配套企业升级模式及行动特征——基于企业动态能力的分析视角［J］．管理世界，2011（8）．

　　［63］杨俊祥，和金生．知识管理内部驱动力与知识管理动态能力关系研究［J］．科学学研究，2013（2）．

　　［64］杨水利，李韬奋，党兴华，单欣．组织学习动态能力与企业绩效之间关系的实证研究［J］．运筹与管理，2009（2）．

　　［65］尹丽萍．技术范式转变视角下的企业动态能力［M］．北京：经济管理出版社，2010．

［66］曾萍．学习、创新与动态能力——华南地区企业的实证研究［J］．管理评论，2011（1）．

［67］曾萍，蓝海林．组织学习、知识创新与动态能力：机制和路径［J］．中国软科学，2009（5）．

［68］曾萍，宋铁波，蓝海林．环境不确定性、企业战略反应与动态能力的构建［J］．中国软科学，2011（12）．

［69］曾萍，邓腾智，宋铁波．社会资本、动态能力与企业创新关系的实证研究［J］．科研管理，2013（4）．

［70］张春明．超动态能力与集群企业自主创新的关联［M］．北京：经济科学出版社，2013.

［71］张军，张素平，许庆瑞．企业动态能力构建的组织机制研究——基于知识共享与集体解释视角的案例研究［J］．科学学研究，2012（9）．

［72］张晓军，席酉民，谢言，韩巍．基于和谐管理理论的企业动态能力研究［J］．管理科学学报，2010（4）．

［73］张秀娥，姜爱军，张梦琪．网络嵌入性、动态能力与中小企业成长关系研究［J］．东南学术，2010（6）．

［74］支燕，吴河北．动态竞争环境下的产融结合动因——基于竞争优势内生论的视角［J］．会计研究，2011（11）．

［75］祝志明，杨乃定，Sarlandie de La Robertie Catherine，高婧．动态能力理论：源起、评述与研究展望［J］．科学学与科学技术管理，2008（9）．

［76］Aghion P.，Bolton P.．An Incomplete Contracts Approach to Financial Contracting［J］．Review of EconomicStudies，1992，59（3）：458 – 467.

［77］Anand Gopesh，Ward Peter T.，Tatikonda Mohan V.，Schilling，David A.．Dynamic Capabilities through Continuous Improvement infrastructure［J］．Journal of Operations Management，2009，27（6）：444 – 461.

［78］Arafa A.，Elmaraghy W. H. Manufacturing Strategy and Enterprise Dynamic Capability［J］．CIRP Annals – Manufacturing Technology，2011，60（1）：507 – 510.

［79］Arend R. J.，Bromiley P. Assessing the Dynamic Capabilities View. Spare Change，Everyone?［J］．Strategic Organization，2009（7）：75 – 90.

［80］Augier M.，Teece D. J. Dynamic Capabilities and the Role of Managers in Business Strategy and Economic Performance［J］．Organization Science，2009（20）：1042 – 1068.

［81］Barney J..Firm Resources and Sustained Competitive Advantage［J］．

Journal of Management, 1991, 17 (1): 99 – 120.

[82] Barrales – Molina Vanesa, Benitez – Amado Jose, Perez – Arostegui María N.. Managerial Perceptions of the Competitive Environment and Dynamic Capabilities Generation [J] . Industrial Management and Data Systems, 2010, 110 (9): 1355 – 1384.

[83] Bebchuk L. and J. Fried.. Executive Compensation as an Agency Problem [J] . Journal of Economic Perspectives. 2003, 17.

[84] Bernroider, Edward W. N.. From dynamic Capabilities to ERP Enabled Business Improvements: The Mediating Effect of the Implementation Project [J] . International Journal of Project Management, 2013, 32 (2): 350 – 362.

[85] Bititci Umit S. , Ackermann Fran, Ates Aylin, Davies John D. , Gibb Stephen, MacBryde Jillian, MacKay David, Maguire Catherine, Van Der Meer Robert, Shafti Farhad. Managerial Processes: An Operations Management Perspective towards Dynamic Capabilities [J] . Production Planning and Control, 2011, 22 (2): 157 – 173.

[86] Bruni D. S. and Verona G.. Dynamic Marketing Capabilities in Science based Firms: An Exploratory Investigation of the Pharmaceutical Industry [J] . British Journal of Management, 2009, 20: 101 – 117.

[87] Chandler A. D.. Organizational Capabilities and the Economic History of the Industrial Enterprise [J] . Journal of Economic Perspectives, 1992, 6 (3): 79 – 100.

[88] Chen Ruey – Shun, Sun Chia – Ming, Helms Marilyn M. , (Kenny) Jih Wen – Jang. Aligning Information Technology and Business Strategy with a Dynamic Capabilities Perspective: A Longitudinal Study of a Taiwanese Semiconductor Company [J] . International Journal of Information Management, 2008, 28 (5): 366 – 378.

[89] Collis D. J.. How Valuable are Organizational Capabilities? [J] . Strategic Management Journal, 1994, 15: 143 – 152.

[90] Danneels E. , Organizational Antecedents of Second – order Competences [J] . Strategic Management Journal, 2008, 29 (5): 519 – 543.

[91] Danneels E.. Trying to become a Different Type of Company: Dynamic capability at smith corona [J] . Strategic Management Journal, 2010, 32 (1): 1 – 31.

[92] Devers C. E.. Moving Closer to the Action: Examining Compensation Design Effects on Firm Risk [J] . Organization Science, 2008, 19 (4): 523 – 547.

[93] Di Stefano G. , Peteraf M. A. and Veroma G. . Dynamic Capabilities Deconstructed [J] . Industrial and Corporate Change, 2009, 4: 159 – 186.

[94] Doving Erik, Gooderham Paul N. . Dynamic Capabilities as Antecedents of the Scope of Related Diversification: The Case of Small Firm Accountancy Practices [J] . Strategic Management Journal, 2008, 29 (8) 841 – 857.

[95] Drnevich P. L. , Kriauciunas A P. . Clarifying the Conditions and Limits of the Contributions of Ordinary and Dynamic Capabilities to Relative Firm Performance [J] . Strategic Management Journal, 2011, 32 (2): 254 – 279.

[96] Eisenhardt K. M. , Martin M. . Dynamic Capabilities: What are They? [J] . Strategic Management Journal, 2000, 21 (11): 1105 – 1121.

[97] Green Stuart D. , Larsen Graeme D. , Kao Chung – Chin. . Competitive Strategy Revisited: Contested Concepts and Dynamic Capabilities [J] . Construction Management and Economics, 2008, 26 (1): 63 – 78.

[98] Hamel G. , Prahalad C. K. Competing for the future [M] . Boston: Harvard Business School Press, 1994.

[99] Helfat C. E. , Peteraf M. A. . The Dynamic Resource – based View: Capability Lifecycles [J] . Strategic Management Journal, 2003 (24) .

[100] Helfat C. E. et al. . Dynamic Capabilities: Understanding Strategic Change in Organizations [M] . Blackwell Publishing, 2007.

[101] Hodgkinson Gerard P. , Healey Mark P. . Psychological Foundations of Dynamic Capabilities: Reflexion and Reflection in Strategic Management [J] . Strategic Management Journal, 2011, 32 (13): 1500 – 1516.

[102] Huang Kuo – Feng, Wu Lei – Yu, Dyerson Romano, Chen Chun – Fu. How Does a Technological Firm Develop its Competitive Advantage a Dynamic Capability Perspective [J] . IEEE Transactions on Engineering Management, 2012, 59 (4): 644 – 653.

[103] Jentsch David, Riedel Ralph, Menzel Daniela, Günther Lars, Müller Egon. . Dynamic Capabilities and Strategy – Implication of present strategy Research for Manufacturing SME [J] . ZWF Zeitschrift fuer Wirtschaftlichen Fabrikbetrieb, 2011, 106 (10): 736 – 740.

[104] Jiao Hao, Alon IIan, Koo Chun Kwong, Cui Yu. When Should Organizational Change be Implemented? The Moderating Effect of Environmental Dynamism Between Dynamic Capabilities and New Venture Performance [J] . Journal of Engineering and Technology Management – JET – M, 2013, 30 (2): 188 – 205.

［105］Kamminga P. E. , Van der Meer – Kooistra J. . Management Control Patterns in Joint Venture Relationships：A Model and An Exploratory Study ［J］. Accounting Organizations and Society, 2007（32）.

［106］Koch Hope. . Developing Dynamic Capabilities in Electronic Marketplaces：A Cross – case Study ［J］. Journal of Strategic Information Systems, 2010, 19（1）：28 – 38.

［107］Leonard – Barton D. . Core Capabilities and Core rigidities：A Paradox in Managing New Product Development ［J］. Strategic Management Journal, 1992（13）（Special Issue）：111 – 125.

［108］Levinthal, D. , Ocasio, C. , 2007, Dynamic Capabilities and Adaptation. DRUID Debate. http：www. druid. dk/streaming/ds2007/onsdag/msh. htm, 6（21）.

［109］Liu Zheng – Feng, Liu Chang – De, Kuang Xiao – Feng；Zhou De – Cai. Application of Simulated Annealing Algorithm in Dynamic Positioning Capability Analysis ［J］. Chuan Bo Li Xue/Journal of Ship Mechanics, 2013, 17（4）：375 – 381.

［110］Mathiassen Lars, Vainio Anu Marianne. . Dynamic Capabilities in Small Software Firms：A Sense – and – respond Approach. IEEE Transactions on Engineering Management, 2007, 54（3）：522 – 538.

［111］Newbert, S. . Empirical Research on the Resource Based View of the Firm：An Assessment and Suggestions for Future Research ［J］. Strategic Management Journal, 2007, 28（2）：121 – 146.

［112］O. Connor Gina Colarelli, Paulson Albert S. , Demartino Richard. Organizational Approaches to Building a Radical Innovation Dynamic Capability ［J］. International Journal of Technology Management, 2008, 44（1 – 2）：179 – 204.

［113］Pai Fan – Yun, Chang Hung – Fan. . The Effects of Knowledge sharing and Absorption on Organizational Innovation Performance – A Dynamic Capabilities Perspective ［J］. Interdisciplinary Journal of Information, Knowledge and Management, 2013（8）：83 – 97.

［114］Pavlou P. A. , Sawy O. A. . From IT Leveraging Competence to Competitive Advantage in Turbulent Environments：The Case of New product Development ［J］. Information Systems Research, 2006, 17（3）：198 – 227.

［115］Peteraf Margaret, Di Stefano Giada, Verona Gianmargio. . The Elephant in the Room of Dynamic Capabilities：Bringing Two Diverging Conversations Together

［J］. Strategic Management Journal, 2013, 34 (12): 1389 – 1410.

［116］ Prahalad C. K. , Hamel G. . The Core Competence of the Corporation ［J］. Harvard Business Review, 1990 (3): 68 – 79.

［117］ Ravishankar M. N. , Pan Shan L. . Examining the Influence of Modularity and Knowledge Management (KM) on Dynamic Capabilities: Insights from a Call Center ［J］. International Journal of Information Management, 2013, 38 (1): 147 – 159.

［118］ Salomo Soren, Gemunden Hans Georg, Leifer Richard. Research on Corporate radical Innovation Systems – A Dynamic Capabilities Perspective: An Introduction ［J］. Journal of Engineering and Technology Management – JET – M, 2007, 24 (1 – 2): 1 – 10.

［119］ Schreyogg G. , Kliesch – Eberl M. . How Dynamic Can Organizational Capabilities Be towards A Dual – process Model of Capability Dynamization ［J］. Strategic Management Journal, 2007 (28).

［120］ Stalk G. , Evans P. , Shulman L. E. . Competing on Capabilities: The New Rules of Corporate Strategy ［J］. Harvard Business Review, 1992, 70 (2): 57 – 69.

［121］ Teece D. J. Explicating Dynamic Capabilities: The Nature and Micro foundations of (Sustainable) Enterprise Performance. Strategic Management Journal, 2007, 28 (13): 1319 – 1350.

［122］ Teece D. J. , Pisano G. P. , Shuen A. . Dynamic Capabilities and Strategic Management ［J］. Strategic Management Journal, 1997 (18).

［123］ Tien Chengli. , Chen Chien – Nan. Myth or Reality? Assessing the Moderating Role of CEO Compensation on the Momentum of Innovation in R&D ［J］. International Journal of Human Resource Management, 2012, 23 (13).

［124］ Vergne J. P. , Durand R. . The Path of Most Persistence: An Evolutionary Perspective on Path Dependence and Dynamic Capabilities ［J］. Organization Studies, 2011 (32).

［125］ Wang C. L. , Ahmed P. K. . Dynamic Capabilities: A Review and Research Agenda. International Journal of Management Reviews, 2007, 9 (1): 31 – 51.

［126］ Wilden Ralf, Gudergan Siegfried P. , Nielsen Bo Bernhard, Lings Ian. . Dynamic Capabilities and Performance: Strategy, Structure and Environment ［J］. Long Range Planning, 2013, 46 (2): 72 – 96.

［127］ Wu, Ing – Long, Hu Ya – Ping. . Examining Knowledge Management Enabled Performance for Hospital Professionals: A Dynamic Capability View and the Mediating Role of process capability [J]. Journal of the Association of Information Systems, 2012, 13 (12): 976 – 999.

[128] Wu Jianfeng., Tu Runtig.. CEO Stock Option Pay and R&D Spending: A Behavioral Agency Explanation [J]. Journal of Business Research, 2007, 60 (5).

[129] Wu Se – Hwa, Lin Liang – Yang, Hsu Mu – Yen.. Intellectual Capital, Dynamic Capabilities and Innovative Performance of Organizations [J]. International Journal of Technology Management, 2007, 39 (3 – 4): 279 – 296.

[130] Xuefeng Liu.. The Shifts of Technological Paradigms and the Evolution of Firms' Dynamic Capabilities [J]. International Journal of Technology, Policy and Management, 2009, 9 (3): 209 – 221.

[131] Yin R. K.. Case Study Research: Design and Methods [M]. Fourth Edition. California: SAGE Publications, 2009.

[132] Zahra S. A., George G.. The Net – enabled Business Innovation Cycle and the Evolution of Dynamic Capabilities [J]. Information Systems Research, 2002, 13 (2): 147 – 151.

[133] Zahra Shaker A., Sapienza Harry J, Davidsson Per.. Entrepren Eurship and Dynamic Capabilities: A Review, Model and Research Ggenda, 2006, 43 (4): 917 – 945.

[134] Zollo M., Winter S.. Deliberate Learning and the Evolution of Dynamic Capabilities [J]. Organization Science, 2002 (13).

[135] Zhu Bicheng, Sarigecili Mehmet I., Roy Utpal.. Disassembly Information Model Incorporating Dynamic Capabilities for Disassembly Sequence Generation [J]. Robotics and Computer – Integrated Manufacturing, 2013, 29 (5): 396 – 409.

后　　记

经过在武汉理工大学经济学院近五年的学习，终于接近论文写作的终点。在论文即将完成时，深感论文写作过程其实也是一场艰苦的学术钻研和学习的过程，是吸取前人和专家学者思想智慧的过程，并使自己在所探究的领域得以充实和提高，实感受益匪浅。在许多人的关爱和帮助下，我终于顺利地完成了学业、通过了学校规定的科目考试并完成本书。在此向他们致以由衷的谢意！

衷心地感谢我的导师赵宏中教授，他治学严谨，为人师表。赵老师不断地督促我认真学习、深入思考，并帮助我提高专业理论水平和实践水平，使我受益终身。本书就是在赵老师悉心指导和严格要求下才得以顺利完成并出版。同时，感谢武汉理工大学的康灿华教授、赵玉林教授、魏建国教授、周军教授等全体授课教师给予我的教诲，使我开阔了视野，领略了五彩缤纷的产业经济世界的魅力。感谢经济学院的王仁祥院长，于颖老师以及杨晓锋师弟在学习过程中给予我的帮助。

感谢内蒙古财经大学的领导和同事对我学业的支持、关心和帮助，同时感谢2008级博士班的同学给予我的帮助和鼓励。

此外，还要特别感谢我的父母与家人，他们一直以来都是我坚持学习的坚定后援和动力源泉。

祝愿武汉理工大学经济学院全体老师、同学、朋友以及我的家人身体健康，万事如意！